生活勵志
069

別跟自己過不去

分解情緒，
拿回心情自主權

百萬暢銷書作家、心靈療癒導師
何權峰 著

高寶書版集團

〈作者序〉

分解情緒，拿回心情自主權

傾聽人們對生活的抱怨，每個人的故事都大同小異：出門塞車、同事欺壓、老闆刁難、客戶討厭，高壓的工作、厭煩的生活、無解的關係、混沌的未來，人生突如其來的打擊。但除了情緒宣洩，還能做什麼？

人生裡有太多事情不是我們能改變的，改變別人很難，改變環境、境遇更難。這也是一直以來人們不快樂的原因。我們把重點放在改變，而忽略更重要的內在轉變，也因此錯失了美好人生。

什麼是轉變？簡單說就是一種看

待事物的全新方式。

以日常生活為例，每天你設定鬧鐘，是因為你怕起得太晚；化妝打扮，是因為你怕看起來很糟；趕著上班，是因為你怕塞車遲到；你照著工作進度，是因為你怕沒完工會被老闆臭罵。你多吃蔬果，是因為你怕胖怕死；你打掃房子，是因為很髒很亂；你去探望父母，是因為你怕別人說你不關心、不孝。

現在，轉變你的心態——去喜愛。設定鬧鐘是因為你喜歡生活從容，你希望每天都能有好的開始；化妝打扮，是因為你喜歡好的形象，亮麗的感覺；你準時上班，是因為你尊重自己的工作；你照著工作進度做事，是因為你喜歡有成就感；你多吃蔬果，是因為你重視健康；你打掃房子，是因為你喜愛乾淨明亮；你探望父母，是因為你愛他們，你喜歡感受家庭美滿幸福。

你過的日子沒變，但一切都改變……當你的想法轉變了，你會看到生活的改變有如魔術般奇妙。

常有人問我，如何擁有好的關係，好心情。我告訴他們：「首先，你必須轉變。如果你內心沒變，進入關係中，所有你的問題都只會加倍劇增。」

情緒就是情緒，它是一種真實的感受，沒有對錯。有對錯好壞的是我們的思考。例如，有人批評你，如果你的想法是：或許他心情不好、受到傷害，才說出傷人的話，你會體諒。你認為他是關心你，在乎你，才會說你，你會感謝。然而如果你認為，他是吃定你，他太過分了，你就會怒火中燒，關係必定愈來愈糟。

情緒就像是燒柴火一樣，火起來了，當柴燒盡，火自然就滅了，可是很多時候，我們會持續地加上木材讓火繼續燃燒。因為某件事情生氣了，情緒本來會過去的，除非你不停地為這個情緒加油，讓火越變愈大愈猛。這就是為什麼你會「愈想」愈氣。如果你跟自己過不去，誰也沒辦法救你。

曾經，我誤以為人的想法不是自己能控制的。更糟的是，我以為我的想法就等於我，我的想法就是我的處境。謝天謝地，後來我發現這種觀念大錯特錯，我並不等於我的想法；相反地，我是思想的主人，浮現腦中的想法是由我自己創造的。既然如此，只要我願意就能改變想法。

自從領悟到這個道理，我開始更加留意腦中的想法，以及每個內在的自我對話。我學到最棒的一件事是「轉念」，也拿回心情自主權。

人們總是說要多愛自己，要活出自己。想過嗎？只要我們不跟自己作對，讓心情輕鬆自在，是不是一種更深層的愛？更能活出美好的自己？

變更好，是因為你讓自己看見了人生的美好。「蛻變轉化」的祕訣就在這裡。心態變了，人生就變了。

CONTENTS

3

轉念，啟動改變的力量

目錄

4 自我轉化的日常練習

CONTENTS

目錄

Chapter 1

我們為什麼應該轉變？

你轉變了，世界就跟著改變

你的看法，就是你的世界

提到「這個世界」，你看到的和我看到的，其實非常不一樣。

兩個人，兩種不同看世界的方法：同一個花園，有人看到毛蟲，有人看到蝴蝶；同樣的音樂，有人覺得悅耳，有人覺得擾亂；同樣過情人節，有人歡喜有人愁；同樣一件事，有人感恩有人不滿；同樣的地點，同樣的夕陽，每個人都有不同的感覺。

雨後，到學校散步時，看見幾個

小孩在操場玩耍，站在一旁的女孩嚷著：「我不想玩了，」她指著地上的泥濘：「好噁心！」另一個女孩子卻玩得起勁，嘴裡還一邊哼著歌：「真好玩！」她雙眼發出喜悅的光芒，然後說：「雨天真好，灰塵都不見了。」

同樣的遭遇，結果截然不同。為什麼？

答案就在我們耳際之間。事實上，我們看待世界的方式，會決定我們在世界上看到的事物。

有位朋友跟同事，最近面臨公司財務重整，部門裁撤。朋友很沮喪，他擔心未來要做什麼；但是他的同事卻把它當成是另尋新工作、新挑戰的機會。

一個人看到一堵牆，另一人卻發現一扇窗。走不出去，眼前就是世界的盡頭，走出去，世界開闊無際。

多數人終其一生都相信，快樂與否大部分取決於人生境遇，常覺得自己無助地被困在裡面，毫無選擇。其實只要記住事件是由我們的想法造成的，我們就能改變它。

生活很無聊，世界很有趣，全看你用什麼樣的心態過日子。你轉變了，世界就跟著改變。

事件都是中立的，全看你怎麼詮釋

事實不會讓你難過，是解釋在讓你難過。

一位先生捧著一束花送給妻子。有兩個人看到這種情景，其中一個人說：「噢，這先生真體貼、好浪漫。」另一個人則說：「這先生一定做了什麼對不起他太太的事。」

人生的經驗都是中性的，發生在你身上的事，沒有一樣是絕對正面或負面，讓事情變成正面或負面，是出於我們的詮釋。

舉個例子：有人說你「嬌小可愛」，這是正面的事，還是負面？答案是：兩者皆非。這句話是中立的。正面或負面取決於你的解釋。如果你認為那是讚美，就會覺得歡喜開心；但如果你認為那是批評，是在說你矮小，就會覺得受傷，不開心。

朋友告訴你：「我不想跟你繼續交往」，如果你很在乎，不想失去他，就會感到難過。相反地，你已經對他厭煩，想遠離他，就會感到如釋重負。

情人分手，如果你認為「愛人離你而去」，當然會覺得感傷；但如果你的想法是「離開不愛你的人」，可能還會覺得欣慰。

英國小說家赫胥黎說：「經驗不是發生在你身上的事情，而是你如何去看待發生在你身上的事情。」我們對於任何事物的感受，不是根據事實狀況，而是取決於我們的詮釋。這也是我想傳達的重點，只要用不同的解釋，也就改變了事實。

假設你跌倒骨折，必須請一個月的假在家裡休養，「這絕對不是什麼好事」——你也許會這麼想。但是，如果你把這個時間用來反省自己生活，放慢腳步，或是把這個月看成強迫休假，感覺是否不同？

當孩子調皮搗蛋、爭鬧不休，讓你生氣，其實這是你的解釋，因為你認為孩子應該乖巧安靜。現在，請你改變一下想法，把孩子的調皮喧鬧解釋為：「孩子精力旺盛，頭腦反應快，這樣的孩子長大後比較聰明，學習力較好！」心情是不是好多了？

誤解，來自錯誤的解讀

看法不是事實，但是它會讓事實成真。

什麼是誤解？人際間為什麼有那麼多誤會？因為當事實加上了我們以為的事實，也就是加上我對於事情的認知、解讀、看法、猜測、評斷等等，誤解也由此而生。

舉例來說，你走進房間，發現你的伴侶正在看手機，沒有抬眼看你，繼續看著手機，你可能會把它解讀為「他不在乎」、「我對他不重要」、

「我不值得他把眼睛從手機移開」。上列陳述「他沒看你」是事實，但是其他都不是事實，而是解讀。

有個人在笑，「他在笑」是「事實」；但是「他在對我笑」，或者「他在嘲笑我」，就是解讀。

誤解多半來自錯誤的解讀。當同事走過身邊，卻連招呼也沒打，你認為「那傢伙，真是無禮」，這只是你的解讀。或許他當時正在想某件事沒留意到身邊的人，或許他正趕著去做某件事，匆忙中並沒有注意到。

重點就在這裡：我們對許多事情解讀都不正確。德國心理學家艾里克．艾瑞克森曾說：「如果這張臉只是看別的地方，為什麼我們要想成這張臉是故意轉開。」

認清事實與詮釋之間的差異，十分重要。人們經常把想法誤認為事實。假設發生了一件事，你也許心想「他是故意的。」然後你就怒由心生，接下來的時間，你滿腦子負面評論，你氣急敗壞，可笑的是，這全是你的解讀。

事實上，你並不知道，你只不過是在猜。我們可能在昏暗的路上將地上的一條繩子看成一條蛇，因而產生恐懼的感覺，這種錯誤的感覺是來自於我們錯誤的解讀，而非繩子本身。

《莊子》有一則故事：

在一個煙霧瀰漫的早晨，有一個人滑著船逆流而上。突然間，他看見一隻小船順流直衝向他。眼看小船就要衝上他，他高聲大叫：「小心！小心！」但是，船還是直接撞上來，他的船幾乎就要沉了。於是他暴跳如雷，開始向對方怒吼，口無遮攔地謾罵著。但是，當他仔細一瞧，才發現原來是條空船，因此氣也就消了。

表面看來，這個人的憤怒是起因於「那艘船」，但其實是來自「是誰魯莽又無禮」的想法。所以，當他發現船上沒有人時，怒氣也就消了。

試著採取多方面的觀點來觀察一切事物，時時反問自己：「我確定嗎？」、「我真的百分之百確定嗎？」
別把自己的想法「誤認為」事實的真相。

想法，決定你的情緒反應

你如何看待一件事，決定你會受到什麼樣的影響。

當別人對你做了什麼事，比方說對你惡言相向，把你數落一番，你會生氣，這叫做反應。產生反應是很自然的事，如果沒有反應你已經麻木了。反應的本身並不是重點，重要的是反應的方式和本質。

想像一下，在街道上有輛車橫衝直撞，差一點撞到你。你可能有下列幾種反應。

「憤怒」反應：你可能大聲咒罵，或想衝上前去找對方理論。
「恐懼」反應：你可能擔心害怕，遇到瘋子或惡霸。
「冷靜」反應：你可能搖搖頭，置之一笑，繼續向前走。
「感恩」反應：你在心裡想著自己逃過一劫，真是幸運。
一個人的情緒反應，並非針對你周遭的某個人或某件事，而是針對你自己心中的想法所做的反應。

心理學家阿爾伯特．艾利斯（Albert Ellis）發展了一套「情緒A—B—C模式（A為事件，B為想法、認知或解讀，C為反應）」同一件事情會出現各種不同的情緒反應，關鍵就在B——在於你怎麼想、怎麼看待這件事。

說一個故事：在一間多數店員擺著一張臭臉，抱怨「沒有人來買東西」的店裡，有一位與眾不同的店員，總是帶著開朗的表情認真工作。即使客人揮手說不需要、不買，他也完全沒有沮喪失望的神情，反倒更加開心。

對此大惑不解的同事好奇問他，這位店員答道：

「我仔細推算商品的銷售紀錄，發現被拒絕的次數愈多，賣出商品的機率愈高。平均十位客人拒絕，就會有一位客人購買。所以每當我被拒絕時，就會這麼想：「現在只要再被拒絕九次就可以了。現在只要再被拒絕八次就可以了……銷售商品的可能性逐漸提高，我又何必因為被拒絕而難過呢？這反倒是值得開心的事啊！」

情緒與事件本身無關，而是與人對事件的反應有關。試試看，當伴侶對你發脾氣時，把它當作一種恭維，因為他覺得你很安全，可以傾吐心聲；把主管交付你工作，看作是他非常信任你、很看重你，原本負面經驗也變成正面，不是嗎？

你可以重新設定心靈的電腦，去看事情的光明面，讓你的心中充滿正面的想法，結果就會依照你設定的方向發展。

世界就在你的心中

如果你發現世界黑暗，可能是你還活在自己的世界。

你是否曾經觀察過？世界一直都在改變。也許你會在平靜之中待一會兒，然後變不滿、生氣；或許前一刻憂愁、下一刻歡喜，之後又不開心。在你生命中，你的世界會一次又一次地向你呈現你的內心。

如果你心情很好，碰上的事物幾乎都是令人愉悅的；而當你這一天過得不好，心情很糟，任何事都能惹惱你。你看到的世界，其實是自己的投射。就像是戴著「有色的眼鏡」。藍色的鏡片會讓你看到一片藍色的視野，黑色的墨鏡，會讓原本色彩繽紛的世界，變得黑壓壓的一片。

當你看夜空，並感到悲傷時，你會以為這份感覺是來自夜空。但實情並非如此，夜空不過觸動了你的心，那悲傷是你內心的狀態。

同樣的夜空，你今天覺得悲傷，明天很可能就變了，因為你變得不同。如果你變得美好，夜空會看起來美好；你覺得浪漫，夜空會感到浪漫；當你感到寂寞，你看到的夜空也將是寂寞的。那完全依你而定。就在同一刻，也有人覺得夜空燦爛，那是他們擁有不同的心境。

耶穌說：「天國就在你心中，而那也是地獄的所在地。」

當人心裡充滿了煩惱的念頭，眼中的世界就會讓人心煩；內心懷著憤怒、混亂，感受到的世界就是憤怒、混亂。你和別人的關係同樣充滿憤怒、混亂。相反地，當我們內心感到和諧平靜時，這個世界和生活其中的人也會呈現出和諧平靜。

當我們改變了，世界就變了。外在的世界，就像一面鏡子，反映我們內在的世界。如果你發現世界黑暗，可能是你還活在自己的世界。即使是陽光普照的日子，如果你選擇帶上一個深黑墨鏡，你還是會以為世界太陰暗了。

Chapter 2

轉變，從認識自己開始

在每一個起心動念中發現自己

不要有硬梆梆的觀念。學習彈性思考，生活才會輕鬆自在。

從小到大，我們不知不覺中都會養成某些固定的思考模式，而其中或多或少會包含著「非理性想法」，這些「想法」根深蒂固深植於腦海中，我們往往沒有察覺，因而形成許多錯誤的觀點，對情緒造成紛擾。

什麼是「非理性想法」？最核心的信念，是由「一定／必須／應該」所組成的，主要以三種形式呈現。

一、我必須／應該：例如，我必須成功與完美，如此我才是有價值的；我應該取悅並得到認可，別人才會喜歡我。

二、他必須／應該：例如，他傷害我，就必須受懲罰或得到報應；如果他愛我，就應該凡事都想到我。

三、世界必須／應該：例如，人生一定是公平；付出愈多，就應該得到愈多回報。

這些「信念」——信以為真的念頭，常與生活中的實際狀況不符，因而讓自己更加挫折難過。例如：「我應該取悅他人並得到認可，別人才會喜歡我。」當抱持這個想法時，你在別人面前感受到什麼？緊張、焦慮；變得患得患失、不自在，對嗎？假如別人沒有喜歡你，贊同你，你就會認為自己很糟。

你相信：「付出愈多，就應該得到愈多回報。」當結果跟此信念相違背時，你就會覺得鬱悶、沮喪，甚至忿忿不平，對嗎？

事實上，這世界本來就沒有保證，付出就應該得到回報，也沒有誰可以取悅任何人，是你的觀點讓自己受苦。

你有沒有探究過自己固有的想法，探究那些給我們帶來痛苦的想法，「這些信念到底是打從哪來的？」問問自己：「這些一再干擾情緒的念頭，真的有必要存在嗎？」

我曾經和一位同事激烈爭辯，只為了工作分配的事。當我離開後，突然注意到自己心跳加速、身體發抖，於是開始探究當下發生的狀況。我知道讓我那麼生氣的，是我自己的信念，當我明白這一點，內心很快平靜下來。原來我太堅持自己的觀點，而我的同事也是，我們都想把自己的觀點強加在對方身上。當我看出自己有多荒謬時，這想法就逐漸消失。

學習彈性思考，如果你能在情緒升起時，把它分解開來，知道哪一部分是信念，哪一部分是情緒的話，你就會比較容易釋懷，被情緒牽動的折磨也會大大減少。

不要把自己的觀念強加在別人身上

某件事，你覺得困擾，別人並不覺得，是誰有問題？

人通常在什麼情況下會生氣呢？

通常是聰明的會生笨蛋的氣，愛乾淨的就生不愛乾淨的人的氣，動作快的就會生動作慢的氣，負責任的就氣不負責任的，覺得自己是對的人就罵錯的，有原則就罵沒原則的，期待愈多的就愈常生氣。

比方，我覺得房子一定要保持乾淨，然後我就開始要求家人；我期待孩子要讀名校，然後我就會開始鞭策他；我認為太太應該如何，就會陷在我「認為」的裡面，去做我「認為」的事。這種情況下，經常生氣的是誰？就是我。

「問題出在他們，為什麼生氣受苦的人卻是我？」這問題你想過嗎？讓我們仔細觀察多年來我們替別人定下的規則。

真正的朋友應該……

親戚應該……

伴侶應該……

孩子應該……

好人應該……

服務人員應該……

政治人物應該……

當別人沒有符合我們的期待，你有什麼情緒感受？

有一個媽媽對孩子非常不滿，主要的原因是「小孩貪玩、不愛唸書」，她經常為這件事心煩。

在她生氣的背後，潛藏著「孩子應該用功讀書」的期待，由於她認為認真唸書是理所當然的，一旦孩子不讀書，她便會不自主地動怒。

然而，「孩子應該用功讀書」這件事，其實只是她個人單方面的想法，不是光有「期待」就能夠順心如意。

換言之，造成我們生氣的不是對方的行為，那是一般人誤解。我們生氣是自己心裡的觀點所引起的。當孩子愛玩，而我們又認定「他不該貪玩」，就會氣憤。

通常愈是愈親近的人相處，愈會抱持期待，希望對方照我的意思；或者或按照我的方式生活。這就是為什麼關係中有那麼多爭吵、不滿、埋怨、挫折與無力。

「當我們看不慣別人的言行舉止，有問題的是別人？還是自己的觀念？」這是大家必須經常自我反省的，如果我們沒辦法看清楚，就一直在問題裡面打轉，因為問題很可能就出在自己。

為什麼我們會把自己的觀念強加在別人身上呢？

沒有對錯，只是角度不同

即是你認為你絕對地對，也要尊重反對的聲音。

某人和女朋友一起逛街，走到十字路口看見紅燈便闖了過去，女友很生氣地說：「你這個人連紅燈都敢闖，什麼違法的事不敢做啊！」於是怒沖沖的跟他分手了。

不久後，這人又交了一個女友，逛街的時候又看見紅燈，他老老實實地等待，女朋友很不耐煩地說：「你這個人真死板，連紅燈都不敢闖，還能幹些什麼？」於是又跟他分手了。

此人從此左右為難：這紅燈我到底要不要闖？我闖也不是，不闖也不是！雖是則笑話，卻道出了一個事實，每個人看事情的角度都不相同。角度不同見解就不同，若是堅持自己觀點，就會變得沒有彈性，自我設限，甚至不可理喻，無法溝通。

說一則故事：從前，有兩個人分別從山村和漁村來到城市遊覽，他們同住在一個旅館裡，發生爭執。來自山村的人說：「太陽絕對是從山背後升起來，再落到山背後。」來自漁村的人寸步不讓，針鋒相對地說：「胡說！太陽是從海上升起來，再落到海裡。這是我每天都親眼看見的。」這時，旅館老闆走過來，笑著說：「你們兩個都說錯了，太陽是從屋頂上升起來，再落到屋頂下面去的。」

他們有說謊嗎？沒有，他們所說的都是真的。因為一個人看到了事物的一面，另一人則看到了另一面。如果大家都堅持自己的觀點，可能終其一生爭論不休。

曾有一個學生跟我聊到他跟朋友鬧翻的事，他問：「請問我這樣生氣對不對？」過了幾個禮拜，他又問了一個相似的問題，說：「我不知道，這樣做對不對？」

我發現他兩次發問，都是以「對錯觀」來思考問題。於是提醒他：「世上大部分的事，很難分什麼對，什麼錯，只是各自的立場不同，角度和眼光也就不盡相同。」

你覺得某人對你很好，於是你就貼上「好人」標籤。然而，你的朋友卻說，「那人一點也不好，我不喜歡。」實際上，你和朋友的看法沒有絕對地對錯。每件事都有很多面向，對的事也有人受害，錯的是也有人受益；你認為別人是錯的，是因為沒站在對方的立場來看。

當你看到太陽落下，是從你的角度看的。此時此刻也有人看著它正在上升。如果從遙遠太空看，就會發現太陽既不升起也不落下。

沒有好壞，只是認知不同

你的心決定它是壞事，它就是壞事；決定它是好事，它就是好事。

很多事物本身並沒有好壞之分，之所以有好壞之分，都是由於人的喜好厭惡而造成的。比方：遇到蛇對許多人來說，可能會認為是件倒楣的事，甚至還被嚇得半死，可是對一個專門捕蛇或愛吃蛇肉的人來說，那可是件幸運的事。

有兩個小孩沒選上學校的球隊，其中一個很難過，因為他喜歡打球；

另一個很高興，因為沒有進入球隊，他就不用每天下課後還要留下來練習。人們認為「壞事」，多半是與自己的期望相抵觸。早上起來時，如果發覺外面下雨，你說：「今天是壞天氣」這是你的認知，但對許多農夫，賣雨傘的或缺水的居民來說，反而是「好」天氣。

有許多人喜歡賞雪，看到下雪都非常雀躍、興奮，但是當地的居民，可能抱怨連連，因為下雪代表的是汽車熄火、水窪處處、天氣酷寒、寸步難行等等。

事物的本身都不是好、也不是壞，全取決於我們的認知。著名的神學家坎伯和妻子剛結完婚，很高興地前往新居度蜜月。沒想到就在他們快到新居時，一輛靈車突然從路旁閃出，直直開到他們面前，擋住了去路。坎伯感到驚訝，因為他以前從未在這一帶看過靈車。不意出現的靈車到底意謂著什麼呢？一般人大概都會覺得「煞風景」或「觸霉頭」，但是坎伯卻不那麼想，他覺得這真是好兆頭，他高興地對新婚的妻子說：「這輛靈車的出現，預示著我們會永遠相愛，直到老死。」

不管你認為自己好運或倒楣，你都說對了。當你覺得某些事物是「好」的，就帶來「好」心情；認為是「壞」的，心裡就會去排斥、厭惡，心情變「壞」。

想像一下，你在街道上走的時候，一個花盆從樓上的窗台掉了下來，差一點就砸到你身上，然後在你腳邊摔碎了。你認為自己幸運？還是倒楣？

你對這些事情的認知客觀與否並不重要，因為不論其他人是否同意你的看法，只要你認為這件事「糟糕」、「倒楣」或覺得事情不應該這樣，你就會讓自己不愉快，因為你認為這是「壞事」；當然，你也可以反過來想。

炎熱的夏天，有兩個跑單幫的商販背著沉重的商品，辛辛苦苦爬過一個山頭，準備到另一個村落做買賣。

熱得受不了的王五，擦著滿身的汗對趙六說：「哎，太熱了，以後再也不要到這種地方做生意了。」

趙六笑著答道：「我的想法跟你不一樣，我想這座山如果再高幾倍，那該有多好。」

王五不以為然，抱怨地說：「你爬糊塗了，山當然要愈低愈好。」

趙六說：「如果山很高的話，許多商人都會知難而退，那麼我們就可以多做一些生意，賺更多的錢了。」

王五聽了以後頻頻點頭，再也不抱怨了。

好事，總發生在好運的人身上。因為無論經歷什麼，我們永遠可以選擇一個全新的認知。

你專注什麼，就會發現什麼

在錯誤的地方尋找，你永遠不會發現快樂。

在《列子》裡有一則故事，說有一個人掉了斧頭，認為是鄰家的兒子偷的。從那天起，他便開始注意鄰家兒子的舉動，不只是動作，連他臉部的表情和談吐，看起來都像個賊。

後來，那個人在自己房子旁邊的水溝找到遺失的斧頭，從此當他再看到鄰居的兒子，說來奇怪，不論怎麼看都不像是會偷東西的賊。

你專注什麼，就會發覺什麼。想想你的朋友或伴侶，起初你很喜歡對方，然而關係生變後，你開始怨懟不滿，甚至恨之入骨。明明是同一個人，為什麼從一個喜歡時看不到缺點的人，變成一個埋怨時沒有任何優點的人呢？

人只看到自己想看到的東西。如果我們討厭某個人，輕易就能找到討厭的理由。比方說，我喜歡某個人做事小心謹慎，後來討厭時，就會覺得對方吹毛求疵，很龜毛又囉唆。或是你覺得某個人不拘小節、大而化之，後來發現他粗心大意、膽大妄為。

我想起一則寓言故事：相傳，衛國國王很寵愛彌子瑕。衛國有這樣一條法律：如果有人擅自使用國王的車子，將被處以斬足之刑。

有天晚上，彌子瑕的母親生病，他一聽到消息，就冒充得到國王的命令，駕著國王的車子趕回家去。

這事被國王知道了，國王不但沒有懲罰他，反而稱讚他說：「彌子瑕真是個孝子，因擔心母親的病，竟然忘了自己會受罰！」

幾天後，彌子瑕陪國王在園裡散步。那時正是桃子成熟的季節，彌子瑕採了一個肥大的桃子來吃，那桃子很甜，他只咬了一口，就把它獻給國王。國王說：「你對我太好了，吃到好吃的東西，自己也捨不得吃！」

後來，彌子瑕失寵了。國王完全變了一副嘴臉：「彌子瑕這傢伙膽子好大，竟敢偷乘我的車子；還有一次，把自己吃過的桃子給我吃，真是太胡作非為了！」

我們很容易就可以看清楚，我們會如何看待人，其實是自己決定的。看待人生也是這樣。

曾經見過一個認為自己很倒楣的學生，他常常很沮喪，面對問題時也顯得消極，問他為什麼覺得自己很倒楣，他說：「就是常會碰到很多倒楣的事啊，出門差點被車子撞到，在路上踩到狗屎……真的有夠倒楣。」

當我們一心想著倒楣，生活就會發現倒楣事；專注在自己沒有的，就看不到擁有的；老抱怨人生的不如意，就很難感受生活的美好；總是低頭看著地上的垃圾和雜草，就看不到綠葉和藍天。

不久前，孩子去公園散步，回來告訴我：公園很髒，不論走到哪裡，地上都有菸頭、餐巾紙、塑料袋、狗屎。

我跟他說：我們在生活中尋找什麼，就會在生活中發現什麼。如果你把注意放在垃圾，就會到處都發現垃圾。美麗的景色，陽光燦爛，鳥兒飛過，花在微風中翩然起舞，你就「看不見了」。

就像一個人踩到狗屎，無論如何也聞不出他身上的花香了。在錯誤的地方尋找，你永遠不會發現快樂。

讓你受傷，就是你的痛處

若不是自己心裡早有傷口，人家無心的話怎麼這麼輕易就刺痛你？

就我們現在的情緒來說，絕大部分都是從過去而來。譬如妳先生不關心妳，妳就生氣，這情緒是來自妳過去，可能是妳小時候欠缺關愛，或是父母沒盡到照顧的責任，那時候妳積壓了許多怨氣。

當有人數落你，你立刻還以顏色，因為在過去曾經有人批評或羞辱你，在你的內心形成了一個傷口，所以現在只要有人對你說了類似的話，就會觸動你。

曾獲得諾貝爾獎的俄國生理學家巴洛夫（Pavlov），最有名的是他對狗的研究。每當他餵狗吃飯時，他會先搖鈴。到最後每當狗一聽到鈴聲，他們就會開始「流口水」，即使牠們並未看到食物。

我們的情緒反應就像巴洛夫的鈴聲一樣，一旦記憶的「鈴聲」響起，我們就成了過往記憶的奴隸。有時候只是一個不贊成的表情，一個輕視的語氣，一句不重聽的話，或想起過去挫敗的一件事，就可以傾刻間引爆情緒。

你覺得「受傷」，是因你有傷口，那傷口早已存在。你會「受刺激」，是因為有人在傷口上撒鹽；有人說話讓你受傷，不是因為他說了什麼，而是他的話勾起了你內心卑微、無價值、被傷害、被懷疑的感受。

這裡有一個許多人可能常遇到的例子：妻子問你今天有沒有要去哪裡，你便忽然發起脾氣。由於她害怕或不好意思，沒有直接要求你去幫她買東西，只因為可能會讓你多繞一段路。她怕造成你麻煩，你則因為她的質疑而生氣，你覺得她管太多，因為你是從小就被人管大的。現在你覺得她的質疑就是在管你。

我們看待事情，或是在關係互動裡的情緒反應，多半是從成長過程受傷害的反應而來的。過去經歷的傷痛如果沒有被療癒，便會以不同的形式在生活中發作。當我們進入一段關係，也會帶入新的關係，我們常常把以前對父母累積的怨氣發洩在配偶和小孩身上而不自知。假如我們沒有察覺到，認清這一點，那麼這些傷害便會一再循環，我們和身邊的人就會在同樣的模式裡受苦。

拉丁有句諺語：「別人撒鹽傷不了你，除非你身上有潰爛之處。」若不是自己心裡早有傷口，人家無心的話怎麼這麼輕易就刺痛你？

經常，我們跟某人某事過不去，其實是跟自己的過去「過不去」，反過來，跟我們「過不去」的人也一樣，他們可能也攜帶著許多過往的傷痛。

當你了解到每個人都有著不同的過去，是否能有更大的包容去接納別人？是否能諒解別人所犯的錯誤？

當你了解自己也可能是過去的受害著，是否能較心平氣和的看待自己的挫折失意？是否能讓自己不再受過去的傷痛所左右？

你的問題，都從自己內心開始的

當你沒有問題，生活就不再有那麼多問題。

我們活著每天都在解決問題，有處理不完的問題，於是我們就拚命地要解決，很少人會去注意問題本身。為什麼我們有這麼多問題？這個問題是怎麼產生的？

人之所以會問題不斷，就是不能單純的去「看」。每當我們看到一個人或是一件事就會立刻開始評斷，由自己的觀點來評斷，由自己內心的狀態來評斷，這樣又怎麼可能看到真相？

想想，如果你的杯子是髒的，然後你把水倒進去，水會是乾淨的嗎？我們外在看到的一切，都是內在的顯現。比如你站在鏡子面前看到自己沉重的表情，顯示的是你內在的心情；你困擾，是因為內心不安；你不安，是因為沒看到自己的價值；內心缺乏安全感就喜歡支配或控制他人；如果小事情就能使你困擾，讓你生氣，是你是把自己看得很渺小。

那就是為什麼所有的智者都告訴我們：「認識自己」。當你觀察自己與朋友、伴侶及周遭所有人之間的關係；觀察你對別人言行舉止的反應時，你就可以更看清自己。

所有外在的發生的，都是從自己內在先發生。你可以輕易地指出別人的錯誤，想過嗎？為什麼你能如此一針見血？會不會是因為太熟悉了？

你批評別人，反應了你對自己的批評；如果你厭惡自己，你也將厭惡其他人；你對伴侶與社會的不滿，呈現的是對自己以及整個人生狀態的不滿。

心理學家榮格說得對：「留意別人令我們惱怒的地方，可以讓我們更了解自己。」有人說你是酒鬼，如果你根本不喝酒，你會生氣嗎？你怎麼可能生氣，你只會懷疑這個人「他在亂說什麼？」然而如果你真的很愛喝酒，甚至視酒如命，那麼當有人這麼說你，你就會很氣。

情緒本身不是問題，它是幫我們指出內在的問題。有人嘲弄你或打擊你而讓你覺得深受侮辱，別急著把怨氣都發在對方身上，先內省一下，自己是否如對方所說？否則為什麼會被激怒？是不是自己過於敏感？還是自信不夠？安全感不足？你可以將別人的指責作為指引，從而發現自己內在的真相。

當你放掉總是挑剔自己的習慣，你會注意到自己不再那麼常批評別人。同樣的，當你可以接受自己，自然也不會苛求別人。因為我們對他人的好惡，都取決於我們對自己的觀點。自己能夠接受他人的程度，就相當於自己能夠接受自己的程度。

有位讀者告訴我，她發現當她開始接納自己不夠好的部分，就不再害怕別人的指責，也較少去批判別人，對別人也有較多的耐心親切。

沒錯！你的問題全都從自己的內心開始的。想解決問題，就得在自己身上下功夫。當你停止評斷別人，他們的毛病就不會那麼干擾你。當你有自信時，就不會輕易地被別人的行為而引起情緒的波濤。當你沒有問題，生活就不再有那麼多問題。

Chapter 3

轉念，
啟動改變的力量

轉念，就是所有問題的答案

往好的想，事情總會過去；老想壞的，是讓自己過不去。

「積極一點，振作起來。」、「想開點，沒什麼過不去的。」當事情不順遂，心情低潮，關心我們的朋友和家人經常會這麼鼓勵；心理自助書籍也會建議我們「正面思考」。但真的有用嗎？

效果有限，通常我們愈是這麼做，就愈難擺脫那些惱人的想法，讓自己感覺更糟。因為我們很難控制自己的想法，即使能勉強做到了，如果內心沒有真正的轉變，這些表面激勵的話語，療效也只是表面的，不久又會「打回原形」。

原因很簡單，「正面思考」之後，這些問題就不存在嗎？所謂的正面思考，並不是要大家假裝喜歡厭惡的事物，或其他煩惱和問題都不存在，或否定真實的感受，而是學習「轉念」——從不同的角度看事情，賦予經驗不同的意義，從而讓心態和心情改變。

記得孩子上國中時很怕分組做報告，每次分組都被推舉為組長，組員被分配到的工作，常常不是做得不盡理想，就是要交報告了卻未完成，最後只好一個人將所有工作扛起，熬夜加班，為此她感到生氣沮喪。

「這表示你是有能力，有擔當的人，」我告訴她：「是那些做不好的人，才讓你有機會證明自己的優秀，你應該高興而不是鬱悶。」這就轉念。

再比方，放暑假時，孩子考慮要不要出去打球。他覺得，如果不出去，在家裡很悶。但如果出去，又覺得天氣悶熱。「真的好煩！」他陷入兩難的問題，心情低落。

於是我幫他轉念：「如果在家裡，可以吹冷氣享受；如果出去玩，就可以享受出遊的樂趣。這樣原本兩難的問題就變成兩好的事，做什麼都開心。」

凡事都有好壞兩面，正面思考就是去找出這些負面背後的正面，看到事情好的一面。《孔子家語》中記載一則軼事。

一天，孔子問擔任小官的姪子孔篾。

「從你當官以來，得到了什麼，失去了什麼？」

孔篾答道：「沒有什麼收穫，卻有三個損失。第一是事務繁多，無暇讀書；第二是俸祿微少，無法招待親戚；第三是公事急迫，疏遠了朋友。」

後來孔子以同樣的問題，問與孔篾擔任相同官職的弟子宓子賤。宓子賤答道：「沒有什麼損失，卻有三個收穫。第一是得以實踐所學，更加明瞭所學的知識；第二是以俸祿招待親戚，與親戚更加親近；第三是利用公務閑暇與朋友往來，友情更加鞏固。」

每朵烏雲背後必有陽光。你錯過班車，沒被錄取，或是準備出門時扭到腳。你可能會因這個事件情緒低落，「我真倒楣，我真是個蠢蛋！」但是如果學會轉念：「上天一定有特別的理由，才會讓我錯過這班火車，沒被錄取，或不讓我出門。」就改變一切，是不是？

往好的想，事情總會過去；老想壞的，是讓自己過不去。轉念，就是所有問題的答案。

化「經驗」為「價值」

我們總是看到現在會失去什麼，不去看未來能得到什麼。

看一部好電影或是吃頓大餐，快樂是短暫的，無法滿足內心深處對意義的需求。相對的，人們認知到自己所做的事有價值時，這樣的快樂卻能歷久不衰，例如，許多熱情投入志工服務，很多母親為孩子奉獻青春，儘管付出心力，失去自己寶貴的自由時間，但他們還覺得充實快樂，樂此不疲。

轉化經驗最快的方式就是發現其中的價值，它可以幫我們轉苦為樂、化悲為喜。

你失去工作，你可能認為自己是失敗者，受害者；反過來看，「這有什麼價值？」例如你可以自由地去探索其他機會，去做自己想做的事，或是找回家庭與親情。

面對情變分手，你可以陷入糾結和傷痛，也可以慶幸自己因此解脫，離開一個不愛你的人；你從中學會了如何與人溝通相處；又或者你可以再追尋一份穩定的感情，找到更適合的人。

不要總是看到現在失去什麼，而是去看未來能得到。跟幾個進入職場的學生見面，有位當編輯的大吐苦水，她表示上司是個完美主義者，每天都很挑剔地將她寫好的稿子和文案大改特改，令她倍感壓力。我要她逆向思考，想想上司這些挑剔行為，對她有什麼好處？

看她一臉狐疑，於是我告訴她：「妳想想看，有人免費替妳補習寫作技巧，而且還是利用上班工作時間，不是很好嗎？」

「好像也對，我怎麼都沒想到！」她不禁會心一笑。

一切扭轉的關鍵就在這裡：「這有什麼價值？這對我的成長有幫助嗎？這背後是不是隱藏著某種恩典？」

「我討厭我的老闆，他很愛管東管西，一點也不體恤員工。」這有什麼價值？至少讓我學會管好自己，或者至少他可以當我的一面鏡子，讓我知道我不應該隨便支配人或不體恤別人。

「我從小單親，父母忙於工作疏於照顧。」這對我的成長有幫助嗎？讓我學會不依賴，個性獨立。

「我母親去世，我很傷心難過。」這背後是不是隱藏著某種恩典？從此她不用再受病痛折磨，也許這是對彼此都好的安排。

有一位老先生，自從愛妻在兩年前過世後，他就陷入深深的絕望，無法自拔。覺得自己活著毫無價值。於是，他去找精神科醫師。

醫師在瞭解他的情況後，問他一個問題：「先生，讓我假設一下，如果今天不是你夫人先死，而是你先死的話，那情形又會如何呢？」

他想一想，說：「我們感情很好，我想她一定比我更悲痛。她恐怕無法承受這種打擊。」

「是啊！她將很難承受。」醫師說：「然而現在她不用承受打擊，使她免於受苦的人正是你。如果她知道的話，一定也會希望你快樂起來，為她好好活下去，不是嗎？」

化「經驗」為「價值」。當你發現其中的價值，負面經驗也隨之轉化。

挫折，是人生最好的禮物

我們永遠都不知道，人生轉個彎後會遇到什麼。

當有人問我如何面對挫折，我常會反問一個問題：「你是否同意，愈是痛苦的經驗，愈是能讓我們學到東西？」幾乎沒有例外，每個人都表示贊同。這也是讓人費解的地方，為什麼當真正面對的時候，我們總是一再抗拒想逃避。

生命中的每個挫折、每一個傷痛，每一個失敗、裡面暗藏了一份祝福。最大的挫敗，也許帶來最好的機會；最糟的厄運，往往通往最好的改變。

不知道你有沒有看過《玩具總動員》？如果不是因為賈伯斯當年的挫敗，被自己一手創辦的蘋果電腦炒魷魚，這部勇奪奧斯卡金像獎的動畫片也不可能誕生。JK・羅琳在《哈利波特》出版前，草稿曾被出版社退件十二次。過去的她，曾經確診憂鬱症，有過一段不幸福的婚姻，是靠著政府接濟度日的單親媽媽。而今，羅琳被《衛報》評為全英國最具影響力的女性，她的作品暢銷全球，其同名改編電影也成為史上票房收入最高的電影之一。

我們永遠都不知道，人生轉個彎後會遇到什麼。回顧你過去的人生經歷，有沒有什麼「挫折」的事件，到頭來卻有了意想不到的好結果呢？

是否曾經在丟掉工作後，反正找到更好的職缺？

是否曾在經歷痛苦的分手後，反而遇到了更好的人？

是否犯下嚴重的錯誤讓你學到教訓，為人生帶來助益？

跟大部分的人一樣，我自己也曾經遭遇過很多挫敗，這是生命的歷程中無法避免的。但我總是提醒自己，這裡面藏著一份禮物。我發現所謂的逆境，有兩個可能。

一是找到解決問題的方法。人往往都活在自己的執念中而不自覺，只有當逆境來時，我們才會走出既定框架，擴展觀點和對問題的解決能力。

二是幫助探索自我。在困頓的過程讓我更認識自己，了解自己的問題與弱點，或者發現自己其實還有更多的潛能沒有發揮。

你現在的掙扎最後會變成你的優勢。你的人生也許歷經磨難，這或許是老天爺有更重要的任務要交代給你；而這任務會需要你在這些挫折中所學習到的智慧。

想起電影《天生好手》中的勞勃・瑞福，躺在醫院病床上深感挫折絕望。關鍵性的最後決賽正在進行，而他卻被所愛的女人所毒害。這時，他兒時的摯友來看他。

勞勃・瑞福難過極了，醫生說他再也不能打棒球了，但棒球是他的生命。

「我相信我們有兩種生命，」摯友告訴他，「學習到的生命，和此後要過的生命。」

他說得對。挫敗不等於失敗，要從中學習。有一天你會感謝自己經歷的磨難，遇到的小人以及人生的谷底，是它們教會你很多事，讓你變成一個更好的人。將來遇到什麼困難想起那時候，再也沒有什麼事可以難倒。

你經歷的每件事都是有意義的

內在成長，找到人生更高更大的目的，就是有意義的人生。

有些人常說人生過得不如意，也沒有意義。其實，人生是否如意，與過得有沒有意義是兩碼事。

你可以過得很安逸卻沒意義，也可以過得很辛苦卻很有意義。

意義是每個人自己賦予的。我聽說有個外國年輕人，獨自走在西班牙的朝聖者之路上，冬天的雨水淋濕了他的頭髮。長達八百公里的旅程，離結束還需要一點時間。雖然雙腿痛到好像快斷了，腳底也磨出水泡，但他的表情看起來很平和。偶然認識的同伴問他來聖地牙哥的理由，青年說：

「我跟女友分手了。」

「所以是來忘記女友的吧！」

結果青年回答：

「不，我不想忘記她。我只是想成為更好的人。」

沒有結果的戀愛是否有意義？其實，「意義」不是無緣無故、坐在那邊枯等就會自然發生的；「失戀」並不會讓人生突然變得意義，而是我們有沒有從中學到什麼，或讓這些經歷變成養分。

《鑽石途徑》作者阿瑪斯（A. H. Almaas）曾說了一則女學生照顧一臨終老婦人的事。

這名女學生每個禮拜都和他碰一次面。她每次都會向他哭訴那位住院老婦人有多痛苦，她的一生都活在悲苦中。最後老婦人過世時，這名學生哭得比從前更嚴重，並且開始對上帝感到憤怒。她問道：「這一切又有什麼意義？」

「這是很好的問題，而答案也很有趣。」阿瑪斯說：「那位老婦人讓這名學生認識了慈悲是什麼。因為結識她，學生的心打開了，她從中體驗到從未有過的慈悲。而透過這名學生，老婦人也體認到了什麼是慈悲。」

生命中經歷的每件事都是有意義的。口渴的經驗教導我們水的珍貴；失去摯愛的經驗告訴我們珍惜身邊的人，痛苦的經驗教導我們對他人保有同理心。一個有過流產經驗的女人，必定更能慈悲看待所有曾經流產過的女人；一個經歷過失戀的人，必定能夠體會所有失戀而悲傷的人。當我們受挫折、孤獨或沮喪，得以了解他人的困頓。

柏拉圖說：「人是尋求意義的動物。」一旦不需要考慮生存的問題之後，生命的意義和目的就變得極為重要。很多人覺得困在每日生活的例行公事當中，有人相信他們正錯過生命，有人身陷極端的壓力中，有些人則覺得生活極度無趣，還有些人雖過得安逸富裕，但生活依然覺得了無意義。

怎麼樣才有意義？了解生命具有內在的目的和外在的目的，內在的目的與你的意識有關，你內在是否成長？外在的目的與你的作為有關，人活著不是只為了自己，而是還有一個更高更大的目的在。你找到了嗎？

哈佛商學院講座教授克里斯汀生，他遭逢人生重大的試煉——罹患了淋巴癌，正在忍受化學治療的煎熬，他反覆思索自己的人生是否過得有意義，並終於了解「上帝衡量我的人生，不是用金錢，而是我可以幫助多少人，變成更好的人。」就是最好的例子。

有些人陷在過去的傷痛，從而說道：「因為這件事，我絕對不再付出愛，也不再相信任何人了。」然而有人卻賦予這件事積極的意義：「因為這件事，我學會了堅強。」或是「由於這件事，我決定投身公益，使這個社會變得更加安全。」

內在成長，找到人生更高更大的目的，就是有意義的人生。

用更高的視野去看

用造物者的眼光看待，就能培養一種接受與感恩的態度

為什麼我們現在會過這樣的人生？為什麼我會生在這種家庭？為什麼我老是遇人不淑？為什麼我會生這種病？遇到這種事？受那麼多苦？

人們常疑惑：「如果神愛我們，為什麼祂要我們去經歷這些？」因為祂要我們長大。生命中所有事件的發生，不論當時多麼痛苦、悲慘，都只有一個目的，那就是賜予我們智慧、力量與覺醒。

《新約聖經》裡提到一個故事：

有一天耶穌與信徒們走在路上，遇見一位天生眼盲的人，信徒們於是問耶穌：「這個人會天生眼盲，是誰的罪過呢？是這個人自己嗎？還是他的父母呢？」結果耶穌回答：「不是任何人的罪過，而是神想在他的身上顯示作為。」

一般人看到盲人時，通常斷定「他是不幸的人」，但耶穌用更高的視野去看。要將逆境視為恩賜，並不容易。特別是當一個人歷經悲劇的時候。然而如果我們相信世上的一切都是上天的安排，用造物者的眼光看待，就能培養一種接受與感恩的態度。

記得聖嚴法師說過一則小故事。

有個女皈依弟子，未學佛前，夫妻不合、生活糜爛，直到生了個殘障的兒子，夫妻兩人開始接觸佛法，整個家庭都完全改善。他說：「我很感謝這孩子！因為他的降臨，我們的性格都改變了。我想這孩子是菩薩化身。」

日本松下電器的創始人松下幸之助，在回憶自己的人生時也曾有感而發：

「我是受到了上天賜予的三個恩惠，才得以成功的。第一個恩惠是：家境貧困。因此我從小就嘗過了擦皮鞋、賣報紙的辛苦，也從中得到了這世上生存的寶貴經驗。

另一個恩惠是：我從出生之後身體就很虛弱。也多虧這樣我才不斷運動鍛鍊，到了老年人仍保持健康。

最後一項恩惠是：我連小學都不能上。因此，我才能把每一個人都當成老師，認真學習，從不怠惰。」

似乎，無上智慧的造物主就是要強韌我們每一個人。就像一位冥想大師說的：「疾風吹嫩枝，用意不在傷害新幼苗，而是要它們學會把根牢牢地扎在土裡。」

在我小時候，家庭曾受到欺壓與不平對待，但後來我了解到，那些早期經驗在我的人生扮演著必要的角色，讓我成為今日的我。最顯著的例子當我走出自卑找到自信後，我發現我對別人打擊的耐受性很高，因為我早有豐富的經驗。此外，我對別人的苦難特別感同身受，對弱勢特別照顧支持，因為那個苦我也經驗過。

接受事物本來的面貌

許多人之所以不快樂，純粹只是因為他們無法如實接受生命的現狀。

人想追求快樂，結果卻帶來痛苦。每個人都企圖脫離痛苦，得到的卻是更多的痛苦。因為痛苦與快樂都是人生的一部分，我們怎麼能只要快樂而不要痛苦？

當事情符合你的理想和慾望，你就開心滿足；一旦不符合，你就挫折抱怨。然而，現實不可能總是符合期待，這正是人們一再受苦的原因。

當你不快樂的時候，你注意過自己的內心嗎？你看到了什麼？一方面你看到了發生的事，另一方面你不想接受這件事，對不對？

沒有人想要生病，喜歡分離、被人欺騙或是遭到否定。所以我們會抗拒，排斥自己不喜歡的人，我們抗拒害怕的事物，抗拒改變，抗拒不熟悉的事物。我們總以為保護自己就能免於痛苦。但真相是，抗拒「不好」的感受，反而會妨害自己感到愉悅的能力。

心理學家馬斯洛說得對：「若想逃避心中地獄，就會遠離心中天堂。」就好比白天與黑夜。有白天就會有黑夜，如果你拒絕了黑夜只要白天，你將是痛苦的，黑夜並不會帶來痛苦，是因為你抗拒夜晚，所以痛苦才會產生。因為無論哪一天，在哪個地方，黑夜總是存在的，不是嗎？

「蛻變轉化」的祕訣，在於當你擁抱負面經驗時，這個經驗就消失了。那些快樂的人，和我們一樣生活在不完美的世界，也會經歷不順遂的事。關鍵不在於他們有哪些經歷，而在於用什麼心態去經歷。當我們不再抗拒當下，負面情緒就消失；全然接納當下，此刻就活在輕鬆自在裡。

佛法常被稱為一種受苦的哲學，這看似消極悲觀的哲學卻能幫人「離苦得樂」。其中的奧祕在哪裡？奧祕就在從一開始就承認人生是不圓滿的，既然是不圓滿的，那如果有什麼缺憾，也就不會因此而痛苦，因為它本來就不圓滿。

我們該學習的，並不是如何掌控得更好，而是如何放鬆；該學習的是放手，而不是握拳。如果以你現在的情況你過得並不好，你就需要花很多努力來變得更好；如果你能了解人生就是這樣，當你接受所有的不好，那麼你將變得愈來愈好。

痛苦，是因為我們想違反自然

你無法認知事物無常的本質，就不可能終止苦難。

生命一直處在「變化」的狀態，星球旋轉、四季遷移、春去秋來、潮起潮落，一切都不停的在變。情人會變心，健康會變化，事情會變卦，昨天還在的人，今天可能就不在，一切都不停的在變，這是「自然」的真相。

人心之所以不安，是因為患得患失。得到就笑，失去就哭，世事本來就變化無常，如果你很執著，心又如何平靜？

人會苦惱，是因為太執著。人們常有一種錯誤的認知，以為已經擁有的，就理所當然的會一直保有它們，所以一旦失去了，總是無法接受，甚至痛不欲生。

事實上，人生在世就是不斷地失去，只是時間早晚的問題。隨著年齡漸長，我們失去孩子的純真，失去了青春、失去了夢想，失去了身材、健康，失去了工作；接著死神帶走我們的祖父母、父母、兄弟、朋友、伴侶，我們失去曾經和我們朝夕相處一起的人、事、物，而後我們是失去了自己的軀體，回歸靈魂的世界。

所有我們擁有的人總有一天都會離開，沒有一件喜歡的東西可以永久持有，也沒有一件可以帶走。然而，問題就出在我們緊抓不放。這種對關係的執著，對肉體和外物的執著，即是整個痛苦的根源。

這故事許多人應該都聽過：

有位婦人哀求佛祖能讓他死去的兒子復活，佛祖說如果要讓他的兒子復活，他必須找到一戶從沒死過人的家庭，然後跟他們要一根稻草，我就可以救你兒子。於是，婦人問遍村裡的每一戶人家，發現沒有任何一戶的家能倖免，最終領悟到死亡是所有生命絕對的必然。

失去摯愛，失去心愛的東西，會傷心流淚，這是人之常情，但就是不要在心底認為摯愛是不應該死，心愛的東西永遠不會消失。沉浸在哀傷的情境或記憶中，數月、數年，一直「走不出來」，這不是愛的表現，而是一種執著。當你執著，你無法認知事物無常的本質，那就不可能終止苦難。

自然，就是不知其所以然，生命中充滿不確定與意外。俄國文豪杜斯妥也夫斯基說：「大自然不會徵求你的意見，它對你的偏好毫無興趣，也不管你是否同意它的法則。你必須接受大自然本來面貌，也接受其中隱含的一切後果。」人會有痛苦，悲傷，精神問題，都是因為我們想違反自然法則。如同小孩因冰淇淋融化而哭泣，當你無法認知事物無常的本質，就不可能終止苦難。

你不是唯一那個受苦的人

重點不在於唉嘆，重要的是停下生活去聽自己的唉嘆。

週末回台中，在國道遇上大塞車，整個高速公路如蝸牛般的行進速度，我不禁唉嘆：「喔，真衰！」看著對面的車道暢行無阻，我卻必須一會踩油門一會煞車換個不停，連帶地，我的膝蓋也由裡疼到外，真是糟透了；在如此令人萬念俱灰的車陣中，我不禁反問自己：「為什麼我那麼倒楣？」

當然，這只是我自己的錯覺，當行車狀況保持順暢，我並不會花心思去想塞車這檔事，也不覺得自己幸運；何況在路上塞車的也不只是我一個人，我只是剛好身在其中而已。

你曾見過永遠暢通無阻的道路嗎？你曾見過永遠一帆風順的人生嗎？不管你遇到什麼阻礙，以前都曾有人經驗過，往後也會有人。在你存在這世界之前，苦難曾經發生，當你不復存在，同樣的苦難也將持續發生。

自己的苦特別難以忍受，是因為人都站在自己的立場，以自己的想法，自己的利益去評估一切。當塞車是別人的，我們可以無動於衷，甚至還有點竊喜，但是當發生在自己身上，苦就因此產生。事情不順，我們說那是悲慘；心碎了，我們說那叫悲傷；倘若碎掉的是自己的心，我們會說那簡直是悲劇。

在世界各地每天都上演可怕的災難：慘絕人寰的種族屠殺，猶太人、蘇丹達佛的悲劇；敘利亞內戰，盧安達人、波斯尼亞人、庫德族，還有其他遭受迫害的族群，以及自然災害造成無辜生命的死亡和財產的損失，和世界上其他人比起來，我們歷經的痛苦可能根本就微不足道。

每一剎那都有人在受苦：有些人一出生就夭折，有些孩子失去了雙親，有些人身體殘缺；有些人被遺棄、被背叛、被虐待；有些是因著仇恨、貪婪、或妒忌被傷害。有人無休止地穿梭醫院，有些因無治療的希望而悲苦，有些臨終忍受著痛苦，有些活著的人忍受失去摯愛哀痛。

所以，別再唉嘆了。停下生活去聽自己的唉嘆，也許不過是雞毛蒜皮小事而已，你認為的挫敗也只是失望，以為的倒楣也只是不便，感到糟透了的事也只是不如意罷了，但極少是悲慘。

記住，你不是唯一那個受苦的人。

對一切心懷感恩

心裡多一分感恩，生活便少了一分抱怨。

人如果沒有感受到幸福，就表示我們對自己所擁有的一切缺乏感激的心。當心駐留在自己欠缺的事物上頭時，不滿遍布於生活中：我屁股太大、房子太小、伴侶不夠體貼、冷氣不夠冷、蚊子太多、菜不對味，出門找不到合適的衣服……即使是塞個車，找不到車位，都可以火冒三丈。

喜劇作家裴瑞特說過一個故事。

他的一位好萊塢作家朋友，曾寫過一些劇本，但都不是非常搶手。直到有一天，他因為某部賣座的電影而成為炙手可熱的大製片人。有天他到片場上班，發現停車位被人占走，當時還有二十幾個停車位是空的，可是他偏要停在他專屬的停車位上。

一開始這位朋友很火大，接著他突然若有所悟，然後對自己說：「我突然想到，三個月前我連車子還沒有呢！」

簡言之，我們對自己所擁有的一切，缺乏一份感恩。

有位大公司的中階主管，經常抱怨得不到上級賞識。有一天，他又在公司升遷中敗下陣來，於是不斷自艾自憐。他跟辦公室裡親信的同事抱怨升遷不公，回家後更加變本加厲。有一天在晚餐桌前，正當他又向妻子抱怨時，忽然聽到小女兒房間傳來一陣巨響。他立刻衝上樓，發現書架傾倒在地，女兒幾乎被埋在書堆之中，所幸並未受傷。

他把小女兒從書架下安全拖出來之後，他意識到自己的情緒歷經了一連串的大轉變：先是自艾自憐，後來是恐懼女兒受傷，然後又鬆一口氣，最後因聽到小女兒的笑聲而滿心歡喜。女兒平安無事讓他滿懷感激，於是他回到廚房的餐桌前，對妻子說她很抱歉，因為最近一直唉聲嘆氣，抱怨連連；剛剛他終於了解自己擁有的實在太多了。

今天，我們若發現有個升遷的機會被搶走，就彷彿世界末日到了，但明天我們若連工作都丟了，相較之下，升官已經不重要了，我們滿心期待「能回到以前就好」；工作還沒著落，孩子又生了大病，這時候我們只求孩子能健康就好，其他可以什麼都不要。

最近看到日本三一一大地震的災後紀錄片，時間是事件發生後一年多。有位來自英國的記者訪問一名在意外中不幸失去妻子與雙親的中年男子。其中有一段話很感人，記者問：「我知道今天是你的生日，你有什麼生日願望嗎？」

男子：「……噢？」一臉你怎麼會知道的表情。

他猶豫了一會，最後還是說：「我的願望是……但願我不再需要願望。我不要求還想要些什麼，我只想珍惜我所愛的女兒，她是目前我所擁有的一切，真的真的感謝我們還能夠擁有彼此。」

活著就是一種恩寵。活著，可以品嘗，可以享受，可以逐夢，可以去愛。英國宗教領袖克倫威爾曾寫下「思之而存感謝」（Think and Thank.）這句話，花一點時間想想自己擁有的一切，你會發現處處都有值得感恩的事。

現在起，不要再苛求欠缺的美好生活，多看看生活中的美好事物。生命裡有關愛的人，頭上有屋頂撐著，手上握著一杯熱騰騰的咖啡，健康的身體、穩定的工作、關心的朋友、舒服的床、一頓美味的晚餐，美好假期即將到來……當你感恩時，就感受到美好的事物，你就不會把每件事視為理所當然，你就會看自己所擁有的，於是幸福感油然而生，這就是感恩的力量。

重新看待過去

我不是活在過去，是過去活在我心中

過去的事有可能改變嗎？

大家都知道已經發生的事不能改變，因為時間不可能倒轉。但這並不表示過去是固定永遠不變的，我們可以回溯過去，重新看待。

比方，小時候父母管很多，我們可能怨懟厭煩：「他們不尊重我，他們侵犯我的自由和獨立。他們擺布我，使喚我！」但是，當我們有了小孩後，才了解自己以前的反叛，其實是辜負了父母的好意。

又如，你可能在年輕的時候對父親非常不諒解，但是結婚後，你看著先生如何對待你們的孩子，於是你逐漸了解原來父親跟先生一樣，雖然嚴格、或許不近人情，但私底下還是愛孩子的。

我們不是活在過去，是過去活在我心中。重新看待那些已經發生過的事情，改變對過去的認知，也就改變了過去。

我認識一位公司總監，她是家中被媽媽苛責最多，也是最想得到父母關愛的小孩，但不管怎麼做，都好像是錯的；媽媽的偏心，爸爸的冷落，都讓她因為身為一個女生而感到自卑。

因為上有兩個哥哥，都非常得寵，媽媽對他們總是噓寒問暖、關懷備至。不過為了得到父母的肯定，她努力把書念最好，發展各方面的才能，不像哥哥十多年來，一直在家中當啃老族。

長大後，她轉變觀點，內心的糾結也因此化開。她覺得，假如沒有經過這樣的經歷，自己可能沒有現在的成就；她同時慶幸，這些事讓她明白要如何做個好媽媽。

相反地，如果她繼續以受害者的身分過活，很可能會複製父母對她的方式。此外，她可能永遠都是一個自卑的人，過著憤世嫉俗、自怨自艾的人生。

很多心靈受苦的和精神官能症的人，正是因為他們不相信過去是可以改變的。他有一個悲慘的過去，一個無法接受的錯誤，然後就一輩子被糾纏，他們一直陷在過去，沒有回頭去改變它。

鈴木禪師說：「我們不需要知道如何讓事情過去，只要懂得什麼時候事情已經過去就好。」

過去就過去了，現在和過去已經是不同的時空，那些曾經傷痛的回憶，不能再傷害我們，也不能剝奪現在任何東西，因為我們是活生生地生活在現在。幾年前所發生的那件事情，當時你可能抱持著負面的感受和想法，如果你現在你已經更成熟，智慧增長，對以前所發生的事抱持正面的感受和想法，事實上，你已經「改變了過去」。

經歷創傷的人並沒有錯，既不懦弱也不是人生的失敗者，相反地，能熬過傷痛的時刻，擁有自己的生活，這已經比世上大多數的人堅強了。創傷經驗無法徹底被遺忘，但是我們能重新看待。

理解一切，就能寬容一切

當你對人有愈深的了解，就會有愈多的寬容，並轉化成慈悲與愛。

假如你聽說有個人搶銀行，並且開槍射中櫃檯辦事員的腿。起初你可能會認為這個人簡直天理不容，應該一輩子關在牢裡。後來，對犯人的身世和經歷有多一點的了解，才知道原來他的父母吸毒，從小在街頭流浪，得靠偷東西才能活下去。雖然設法找到了工作，卻因為不識字飽受欺凌，最後只好再度作奸犯科。這時，你對他的看法還是一樣嗎？

寬容他人是對他人的理解，這並不是變成同流合污，而是你能理解的範圍變廣了。對人慈悲，也不是不看他人的所作所為，而是你明白他們的行為都只是受過去制約的表現。

人就好像一棵樹，真正的部分是隱藏在地底下的根，只有樹枝和樹葉可以被看到。那些令你厭惡的人，如果你深入探究，就會發現是因為不快樂才做出這些行為。尖酸苛薄的人，往往內心有許多傷痛；暴力的人，也曾被暴力相待；那些可惡的人，也有可憐之處；那些不懂愛的人，最欠缺的其實就是被愛。

有一位太太太太經常抱怨先生不願溝通，一遇到衝突就躲避。後來當她從先生的口中得知——「原來，在他八歲那年，他聽到父母吵了一架，第二天，他們就此分離。所以對他來說，衝突就意謂著關係的結束。」知道了先生不幸的童年之後，從此她不再抱怨，而且變得更包容。

當有人激怒你的時候，你就自問：「這個人以前受過什麼樣的對待，以致如此對待人？」

問過自己這個問題之後，想像一下這個惹你討厭的人是從小欠缺愛，還是曾受到什麼傷害，說不定這個人長期受到批評排擠，而你所見的正是他傷痛的表現。藉著把對方想像成可憐的人，你就會油然而生同情心。

試著去感受對方，用不批判的心，去看看他所發生問題背後的原因。這個人為什麼會憤怒、悲傷或難相處？有了這樣的了解，你就會產生更多寬恕的同理心。

有一位朋友，在一家大型藥廠工作，部門的女主管很好勝又好辯，如果有人打斷她或提出不同觀點，她就會非常生氣，更強烈的表達她的觀點。朋友試著用「理解的心」看待這位女主管，他看到隱藏在憤怒背後的是一個小女孩，從小在一個好批評的家庭長大，沒有人願意聽她說話。於是，我的朋友開始點頭贊同她，並且告訴她，她的觀點是多麼的明智，點子有多麼得好。後來，這位主管變了，她很少生氣，也開始願意聽別人的意見。

引用諾貝爾文學獎得主斯坦貝克的睿智之語：「如果你們了解彼此，就會善待彼此。了解一個人，就不會走向仇恨，而且幾乎每次都會走向愛。」

慈悲就是「完全理解的心」。多去理解尊重別人，才會被別人理解；當我們對人有愈深的了解，就會有愈多的寬容，並轉化成慈悲與愛。

人生很漫長，但時間很短暫

把每次見面都當作最後一次，才不會留下遺憾。

麥克去探望年邁的父親霍華，他的父親罹患結腸癌，連醫生也不敢確定未來的發展。麥克不常去看父親，而且每次都只做短暫停留。他不是沒有感情的人，但和父親有很多心結，對父親五年前再娶的妻子也沒有好感。

有一天麥克下班後去探視父親，不巧父親不在家，只見到叔叔華特。

華特說：「進來等吧，你爸爸去看醫生，馬上就回來。」

麥克在客廳等得坐立難安，不時看錶。五分鐘，十分鐘，二十分鐘過去了。他終於忍不住打電話給朋友說：「我再等我爸爸十分鐘，再不回來我就留張紙條。我已盡了本分來看他了，他自己不在不能怪我。」

在廚房吃東西的華特叔叔湊巧聽到他的電話，他先抱歉表示不是故意偷聽，然後問他是否要聽聽他的看法。

麥克回答：「當然，您請說。」

「我的父親——也就是你的祖父——死時我三十幾歲，大概就是你的年齡。我今年七十七歲，他已經死了四十幾年了。老實說，他是個渾蛋，他死後我的感覺是很複雜的。回顧過去我體會到一個道理：人生很漫長，但時間很短暫。在他死了十年，二十年，三十年後，我才發覺我和父親相處的時間其實很短，短得讓我覺得遺憾。我的人生很長但他的時間很短，只可惜當時我不明白這點。」

「我了解你對你父親的感受，我是他的弟弟，當然知道他不是很容易相處的人。你繼母也是一樣。你和父親的心結或許可以解開或許不可以，但我要提醒你，你會覺得有時間慢慢解開是因為你還有很長的人生。你父親患有癌症，他可沒時間。」

這段話讓麥克有當頭棒喝的感覺，他想到他可以繼續氣他父親五十年，但父親卻不可能存在這麼久。他決定多陪陪父親——倒不一定希望父子的心結得到圓滿的解決，只希望能善加利用尚存的時間。

這是生死學大師伊麗莎白・庫伯勒・羅斯在《用心去活》書中的一則故事，很發人深省。

人生很漫長，但時間很短暫。常留下遺憾，是以為身旁的人會一直都在。

試想：如果你知道這是最後一次，見到你的父母、伴侶、孩子、朋友、兄弟姐妹，對他們的態度還會一樣嗎？

你還會沒耐心，或繼續批評抱怨嗎？你還會斤斤計較，不肯原諒嗎？對待每一個人，要如同你不會再見到他們。如此紛爭就會消失，愛與和諧就會出現。把每次見面都當作最後一次，才不會留下遺憾。

除了心中以外，傷害並不存在

真正傷害你的，是自己的想法。

常有人問，受到了傷害如何才能「釋懷」？

首先讓我們先了解：有什麼人或事情真正能讓我們受傷？真正傷害我們的是事情本身，還是自己的反應？

我們常看到許多夫妻喜歡「翻舊帳」，結婚幾十年可能搬出剛認識時發生的事來吵。過去曾經傷害的事情，現在並沒有傷害我們；現在對我們造成傷害的，是我們的想法。

假如有人對你不滿，他講了一些話，讓你傷心難過。你覺得那個人傷害了你。但是在不同的情境下，不同的時間點，不同的人說同樣的話，你的反應可能不同。而且，發生在不同人身上，其他人的反應也不會和你完全一樣。所以，問題不是那個人講的話，而是你對那句話的「反應」讓你覺得受傷。

不要一頭栽進習慣的思考模式中，認為：「他好可惡，竟然這樣說我；我很可憐，別人如何對待我……」等等。我們在情緒低落的時候要轉向內在，將注意力放在自己的反應上，看看「我是怎麼想的，才會讓自己陷在這個情緒裡面？」如此你便能發現整個問題的源頭。

有一位富豪，長期住在一家五星級飯店，但卻是服務生眼中的惡客。他不僅隨意差遣服務生，而且沒有一項服務是讓他滿意的，經常不留情面地痛罵他們。甚至連一毛錢小費都不給。

服務生們個個被「凌虐」得心中一把火，但只能忍氣吞聲，敢怒不敢言。

飯店新來了一位服務生，大家紛將服務富豪的工作推給這位菜鳥。當然，新服務生也是飽受富豪暴虐的對待，但他卻不以為意，臉上一直掛著笑容。好像他罵的是別人似的。

那些老服務生對他的「忍功」真是佩服萬分，問他究竟是怎麼辦到的？

「我並沒有特別忍耐，只是換個想法而已。」新服務生笑著說：「你們都認為他是一個可惡的人，但我卻認為他是一個可憐的人……一個被惡魔附身的可憐人。惡魔擾亂他的心智，他愈無理取鬧，我就覺得他愈可憐。當他罵我的時候，我心裡想的是要如何幫助他，趕走他身上的惡魔，讓他恢復善良的本性。」

受責罵和受傷並非同一件事。受責罵是情緒上的經驗，而受傷是你對它的觀點，是你貼上去的標籤。一個人能受責罵卻沒有受傷害。了解這點非常重要。除了心中以外，傷害並不存在。

要經常觀察自己的想法。在受傷難過時，你通常如何思考？如果你正沉陷痛苦，心中充滿委屈，要記住這些只是你腦中的想法——如果你能清楚自己的心情是來自於這種思考模式，學習以新的觀點來看事情，很多事也就釋懷了。

對自己感受負責

如果他可以「害我」生氣，那麼其實是我賦予了他影響我情緒的權利。

我們常常聽人抱怨：「某人惹我生氣。」、「他傷了我的心。」、「那個人快把我逼瘋了。」人習慣把問題歸諸別人，以為自己的感受是來自外界的，是某人或某事將這些感受加諸於我們身上，彷彿自己只是一個無辜的受害者罷了。

但若真是這樣的話，我們一定經常受人影響，因為我們無法控制別人，不是嗎？如果某人可以「害我」不痛快，那麼其實是我賦予對方主宰我情緒的權利。如果我們把自己的情緒完全歸咎於對方，等於要對方負責終結我們的負面情緒，只會讓自己陷入無止境的折磨與痛苦中。

記得國中的時候，發生了一件事，讓我氣了好多年。在學校同學常會開玩笑，亂取綽號，我不予理會，卻被嘲笑是「軟腳蝦」。有個嘴巴比較毒的同學，他似乎吃定我，有一次愈說愈過分，我當場跟他翻臉。那件事之後，我們就形同陌路，每次遇到這同學還是讓我怒火中燒。

其實，人們可以想說什麼就說什麼，嘴巴是長在他的臉上，何必因為別人說了一些話，我就要折磨自己呢？多年後，我學會檢視自己的想法，才明白，那位同學並沒有叫我生氣，是我的反應讓自己生氣，是我自己對他的話緊抓著不放才耿耿於懷。

想拿回自己情緒的主控權，首先必須拋開「是某人讓我不快樂」的想法。問問自己：生氣、沮喪或悶悶不樂，是不是划不來？然後開始徹底地檢討，是什麼樣的想法導致自己產生這種感受？

就像別人無法控制你的情緒一樣，每個人的感受都是自己所特有，沒人能讓其他人去感覺；不論我們怎麼堅持他人有責任，最重要對自我感受負責的，只有自己。

同樣的，我們也無法為他人感受負責。我們無法掌控別人的反應，也無法治癒別人的毛病，不論是父母的大吼大叫、老師的嘲弄或同學、朋友的數落都不是你的責任。了解這一點，可以讓我們鬆一口氣。

曾有位學生跑來問我：「我想選擇自己的夢想，但是……又擔心如果跟爸爸說了，他會生氣。」真累！原來她不只要為爸爸的期待負責，還得為爸爸的情緒負責。

「你只要對自己感受負責就好，」我告訴她：「父母的期待，以及他們的情緒都不是你的責任，至少不是你一輩子的責任。他們該學著處理自己的情緒。」

每個人都該為自己的情緒負責。把這句話牢記在心：當情緒低潮，就用這句話提醒自己。對方的問題就讓對方自己負責，我們只需為自己感受負責就好，這樣你就能拿回情緒的主導權。

你，永遠有選擇

人生不如意，誰都躲不掉；但要怎麼面對，則是一種選擇。

人生就是自己選擇的結果。我們常不自覺的抱怨公司差勁，其實是自己選的；買的東西不好，也自己選的；朋友和伴侶有好多缺點，也是自己選的。仔細想想，其實沒有任何一件事是被強迫的。因為如果你真的不想做，你就不會去做，最後你還是決定做那件事，和那個人在一起，一切都是自己的選擇。

一位女孩說，她感情陷得很深，才發現那並不是她想要的，她想分手，但又怕傷害他，她難過地說：「我沒有選擇。」

「妳只是以為妳沒有選擇，但其實妳有。」我告訴她：「妳，永遠有選擇權，即使『不做選擇』也是選擇的一種，妳選擇不去行動。妳不是被迫囚禁在關係中，沒有人規定妳要留在那裡。要了解這是妳的選擇，對方沒有義務要改，妳也沒有義務要留下。妳有離開的自由，妳也可以選擇繼續下去。妳永遠有選擇的自由。」

你的生命是什麼樣子，你目前的狀態是什麼，都是因為你選擇要那個樣子。美國知名教育家李奧・巴斯卡力（Leo Buscaglia）說過一則故事——有一位年輕的女孩等她的男友打電話給她，男友告訴女孩，下午四點會打電話來，於是她整個心全掛在電話上，從下午一點就開始坐立不安。

她告訴家人不要吵她，從一點鐘起，就癡癡地等著電話鈴響，兩點、三點、四點，一直到晚上九點，電話還是沒來。

她失望、絕望、痛苦、掙扎……最後她把自己關在浴室裡割腕自殺以求解脫。

為什麼？因為她想這是唯一的可能——男友變心了；她受不了打擊，只有死路一條。

她沒有發現自己還有無數的選擇。比方她可以看電視、上網、洗頭、出去逛街，跟家人或朋友聊聊，或是打電話給男友：「喂，你在忙什麼，我正在等你電話呢！」何至於要自殺？

人生不如意，誰都躲不掉；但要怎麼面對，則是一種選擇。即使遇到困境或身患重病，身體殘障，我們仍是有選擇的。也許我們無法控制處境與病情，或是無法行動自如，然而，我們依然可以選擇看待這些狀況。我們可以選擇被動消極，也可以選擇主動積極；可選擇沮喪，也可以選擇振作；可以選擇微笑，也可以選擇哭泣，就看你自己了。

「我選擇那麼做。」

經常提醒自己：是的，這是我的選擇。就因為這都是自己的選擇，所以你得自己負責。

Chapter 4

自我轉化的日常練習

放下無謂的期待

這一切「期待」都是你所編織的幻想，也只有自己可以拆除。

沒有什麼更大的阻礙，會比「期待」更加妨礙快樂。因為一開始時，我們就懷抱著「事物應該如何」，光是這個念頭就讓人很難快樂。因為你的思想早已畫地自限。你所期待的，會帶給你快樂，但必定會帶來更多的痛苦。

想想，當你對一件事有期待時，比方說，你認為自己做得很好，應該會很成功，會得到讚賞，理應得到回報，那如果沒有呢？你心中會起什麼變化？

當你對一個人有期待時，你認為對方應該陪你，對你噓寒問暖，依照你的想法來做事，結果事與願違呢？你的內心會有什麼感覺？

我們都有經驗，當別人無法符合我們的期待時，內心便會升起一股怒火；當期待落空，我們會感到失望、受傷、焦慮、痛苦，或是抱怨憤恨。

你抱怨交通，抱怨政府，抱怨住宿的飯店，抱怨餐廳的服務，抱怨情人不浪漫，抱怨婚姻生活不幸福……如果你正在抱怨，就表示他們不符合你的期待，對嗎？

你最親近的人是誰？最常生氣的人又是誰？往往是同一個人，為什麼？因為你有太多的期待。

這世上沒有「應該如何」這回事。沒有一個人是設計好來「順你的意」的，也沒有一件事是安排好來「符合你的需求」的，現在就立刻放下期待吧！

一家廣告公司的主管發現，當他不抱任何期待主持會議時，他變得不再失望，與會者變得更開放、更具有建設性，發言也變得踴躍。

一位女士在與先生相處時，抱著「沒有期待」的態度。她知道自己以前對先生的要求太多，引來對方的反彈，所以不斷提醒自己。她不再去改變先生，彼此關係好轉，先生也對她釋出善意。

有位學弟在面對升遷時，做到了「沒有期待」。他不再介意所有阻礙他升遷的負面消息，只專注在把手上的工作做好。他說：「我突然覺得豁然開朗。放下無謂的期待，就沒所謂的傷害。」

當你發現某人不順你的心，你不會生氣，因為你不期待；當你發現事情不合你意，你不會失望，因為你不期待；一旦你不再去創造那些期望，你的心就會平靜下來，你將發現原來你就是自己期望下最大的受害者。

如果你一時間放不下，沒關係，但至少你要知道，這一切「期待」都是你所編織的幻想，也只有自己可以拆除。

不要排拒問題，而是要非常熟悉

生命一直重複相似的痛苦，我們始終無法跨越，因為從未學會。

我們這個地球的一生是個學習與成長的旅程，都是來到這裡學習不同的課程。如果關係是你的課題，你可能會遇到許多人際的問題；如果情緒是你的課題，你可能常陷入情感的糾結；如果你老是受傷害，那麼你可能有自卑感、無價值感、太依附他人的問題……

問題是因為無知。誰會遇到問題

呢？只有那些還不知道的人，所有我們遭遇的困難和關卡，都是上天為我們欠缺的能力所安排的訓練。

假如某人太自私自利，上天或許會安排他去照料重症病患；倘若你太為別人而活，老天爺就可能製造一個生病的機會，讓你學學怎麼善待自己。同樣的，一個目中無人的勢利鬼可能會瀕臨破產，好讓他學謙虛點；而一個懷才不遇的人也可能面臨失業壓力，逼他把潛力給激發出來。

從一個較高的觀點來看，逆境並不存在。有些遭遇將我們帶往上坡的路，有些則是下坡，然而每條路都通往了一個課程，每個課程都是人生鍛鍊與學習的一部分。

人們常覺得不解，為什麼最害怕的事情，這些問題卻還是不斷發生？刻意抗拒的事，反而會糾纏著不放？

抗拒問題，是因為不具備解決問題的能力。事情一再發生，是因為一直沒學會。當我在求學階段，最害怕上台報告，我怕上台後會忘記要講什麼，又怕被台下的笑，所以每次上台報告，總是緊張的心跳加速、胃打結。我實在不想這樣，於是我下定決心，每次報告都反覆練習，直到倒背如流，幾次後終於克服了，從此我不再害怕上台，也變得更勇於表達自己。

再如，我以前覺得自己英文不好，不敢說英文，我認為敢說英文的人是因為他們英文本來就很好。後來才發現，那些能夠把英文學好的人，不過是熟能生巧罷了。就像開車新手總是握緊方向盤，深怕一個閃神就會出事，但是成為開車老手後，便輕鬆自在，還可以邊開車邊聊天聽音樂。

你害怕就是你必須面對的。記住，永遠不要排拒問題，而是要非常熟悉它。

不評斷，也不要定論

人生的道路不是一直線走到底。有時曲折，有時突然來個大轉彎。

我們習慣於評斷每一件事，哪件事是對的那件是錯的；總是急著區分哪個選擇是好的那個是壞的，那條路是正確的那條路是錯誤的，這就立刻把情況變成只能二選一。

然後，你就會開始焦慮或恐懼，你會擔心自己是否是對的，一方面又害怕自己是錯的，內心交戰讓你變得患得患失，心情起伏不定。但你如何知道自己在做的是正確的判斷？如何知道自己的選擇是正確的決定？答案是，你不知道。

每個人的生命都充滿變數，對的和錯的、好的和壞的、正面和負面、得到和失去，都只是暫時的，世界上沒有一件事能維持在恆久不變的狀態。

有人升了官、發了財、或是找到很好的對象，這些看來都是好事，但它們真的是好事嗎？不，那只是眼前。

有人丟了工作、投資失敗、考試落榜、愛人跑了，這些都是壞事嗎？不，如果你拉長時間去看，那就未必。

人生的道路不是一直線走到底。有時曲折，有時突然來個大轉彎。我服役時，曾認為自己倒楣被分發到外島服務，日子無聊，「多出來的時間，正好可以讀書」；當地醫療資源匱乏，「剛好有機會把所學的針灸發揮」；一邊是山一邊是海，「可以運動強身又可以欣賞風景」。這些都是之前沒想到的收穫。

世上沒有錯誤的道路，只是不同的道路，先不要以自己的偏好或成見來看，而是聚焦於每件事可能帶給你的經驗。如果你沒有得到你想要的，先別氣餒，也許你會得到更適合的。如果事與願違，先別抱怨，或許上天有更好的安排。

我認識一個病人，他因手術後傷口重複感染，不得已只好放棄期待已久的旅遊，當時他又氣又惱，卻沒想到因此避開了一場死亡車禍——他原本要搭的那部車跌落山谷。

所以，不要做判斷，也不要定論，因為你不知道事情為何要發生，也不知道它會帶來什麼樣結果，對嗎？

盡人事，聽天命

人可以控制的是自己努力，而不是事情的結果。

我們總是期待心想事成、萬事如意，但事實上，絕大多數的事都無法控制，不管是交通、孩子、同事、或員工，沒有一樣可以百分之百照著你的預期。沒錯，有些時候，你是可以預料某些狀況或行為的發生，但大部分時候，你還是不能。我們不能控制天災人禍，不能控制事業一定成功，或是贏得球賽；我們不能控制何時會遇到愛，或是別人會對你好。

那我們能控制什麼？就是自己。教育子女是一個很好的例子，我們可以用自己的想法去影響對方，卻不能控制他們的心，也無法保證他們以後會變成自己想要的樣子。

人可以控制的是自己努力，而不是事情的結果。找到合適的土地，把種子種下去，細心呵護，給它足夠的陽光、肥料和水分。但若遇到暴風雨；或是開花後，還來不及結果，突然發生霜凍，把花都凍死，一樣坦然接受。也就是說，把該做的都做好了，不強求結果。

一個師父帶著徒弟在寺廟外面種了一些種子，想要美化寺廟。突然間，刮起一陣強風，把將近一半的種子給吹走了。弟子很生氣，不斷抱怨。當師父聽到抱怨時，他告訴弟子：「我們已經盡力了，那才是重點。」幾天過後，來了一陣暴風雨，雨水淹沒了寺廟和附近的地區，弟子認為所有的工作都白費了，但是師父回答他說：「我們已經盡力了。」幾個禮拜後，許多小植物開始在寺廟的周圍冒了出來，徒弟高興得不得了，師父告訴他：「我們已經盡力了，那才是重點。」

這也是這麼多年來我學到最受用的生活態度。當我感受到試著去滿足他人或因自己的期待而產生壓力，或者被他人如何認定而困住時，我就會提醒這句話。

生活不如意，工作不順心，想要的東西得不到，事情突然變卦。這些都無法控制的事，但我能控制自己的行為與思考：我不能控制環境，但我們可以控制自己的心境；我無法每件事樣樣順利，但卻可以事事盡力。

盡人事，聽天命。盡力而為是最重要的，至於結果則無需過於在意。

不必把別人反應看得太嚴重

別人的言行不是針對我，而是針對他自己。

那個人為什麼用那種態度對你？你百思不解。為什麼他會有那種表情？為什麼他會說那些話？為什麼他會這樣對我？一連串的疑問搞得你心情煩悶。

其實，人本來就是這樣。多數人都可能充滿偏見、自私、嫉妒、情緒化。而且心情常隨著處境不同起落不定。你不是他，當然不懂。

例如當我們因頭痛而變得煩躁易怒，我們很容易了解自己的情緒是因頭痛而起；然而如果別人不知道，他們無法感覺到我們的體驗，就會覺得不解：「為什麼口氣那麼差？」、「一點小事，何必發那麼大的火？」我們對別人的評斷也一樣。

以前有個鄰居常擺一張臭臉，有時還會對人口出惡言，附近的人對她都避之唯恐不及。想當然，我也不喜歡她。一天夜裡，我聽到樓下救護車的聲音，便從窗戶往外看，看見救護人員將她抬上救護車，然後燈一閃一閃地開往醫院。那一天，我才知道她病得很重，有嚴重的心臟和關節病變，每天都過著極為痛苦的生活。頓時，我對她的感覺立刻改觀。

人都是欠缺了解，才會有誤解。當我們看到一張臭臉，我們並不知道他其實是身體不適；當我們對一個不友善的職員或店員發怒時，我們並不知道他的同事在工作上撈過界，搶走了部分屬於他的客戶。我們更不知道他的老闆剛訓了他一頓；當我們對馬路上橫衝直撞的車大罵，又豈能料到他的孩子剛發生一場意外，他正急著趕往……。

我要說的是，別人的言行不是針對我，而是針對他自己。

我聽說，有一座隱密的僧院，那裡採用了蘇菲學派的技巧，那是一套很棒的方法……每當一個人進入那個僧院，變成那裡的門徒，他們就給他一個牌子，牌子的其中一面寫著：「我是負向的，請不要把我看得太嚴重。」——如果我說錯了什麼，我並不是真的要這樣對你說。因為我是負向的，我充滿了怨恨、憤怒和抑鬱；如果我做了些什麼，那只是我自己負向的心情，而不是因為你做錯了什麼。

牌子的另外一面寫著：「我是正向的，我是具有愛心的，我是慈愛的，請不要把我看得太嚴重。」——如果我對你好，那並不是因為你，那是因為我覺得心情很好。

每當一個人覺得他的心情有所改變，他就可以改變他的牌子。不管他處在什麼樣的心情，他就可以翻出牌子的那一面。透過這樣的作法，人們相處都很融洽，沒有人會把別人情緒反應看得太嚴重，因為那只是他的心情。

就在幾天前，我因一些事進展不順利，感到懊惱。回到家，看到孩子趴在床上滑手機，火氣就上來。當我愈說愈氣時，我試著讓自己靜下來，並告訴孩子：「不要在意我的情緒，因為現在跟你說話的人是更年期的老爸。」他們突然爆笑出來，衝突也立刻消弭無形。

把「我」拿掉

讓自己脫離「受害者」的角色，你就從痛苦抽離出來。

人生什麼最痛苦？「我的」痛苦最痛苦；誰的問題最嚴重？「我的」問題最嚴重。

因為自我就是所有痛苦和問題的根源。你去看電視新聞，每天有那麼多災難發生，你會覺得痛不欲生嗎？是的，我們會同情、會升起憐憫之心，但是不會感到切膚之痛。因為沒有「我」的存在，就感覺不到痛苦。

一個人愈以自我為中心，就愈是自憐，也愈容易情緒紛擾。「這裡不好，那裡有問題，這個人對我不好，那個人對我不好，世界都跟我作對……」如果我們的情緒裡頭沒有「我」的成分存在，只是就事論事，但如果問題是跟「我」有關，就會變得耿耿於懷。

有人對你無禮，那是他修養不好，但是如果你認為：「他是看不起『我』。」敵意馬上就會升起。你吃虧上當，如果自認倒楣，就算了，但是如果你認為：「他根本吃定『我』！」事情就沒完沒了。

如果「我」心中有怨，就會喋喋不休，不斷挑人毛病。當「我」心中有恨，往往會被毀滅性的衝動沖昏了頭。當「我」把自己放得很大，連原本只是小小傷害，都變得難以忍受。

把「我」拿掉的練習，可以幫助我們放下自我的執念。

「他對我態度很差」，把「我」拿掉，就剩下「他的態度很差」；感覺是否不同？

「他對我說那樣的話」，把「我」拿掉，「他說那樣的話」，是否覺得不那麼惱怒？

建議大家，下回當你注意到自己抱怨或有負面想法時，立刻以「這是……」的句子，來替代「我……」的句子。比如：

「我頭痛」，改成「這是頭痛」；

「我悲傷」，改成「這是悲傷」；

「我失戀」，改成「這是失戀」。

「我心情鬱悶，我好累」改成：「這是情緒低潮」、「這是疲勞」。

「我討厭大家都把事情丟給我做，把我當奴隸」改成：「這是挫折」、「這是深深地失望」。

讓自己脫離「受害者」的角色，你就從痛苦抽離出來。

痛苦和受苦並非同一件事。痛苦是人生的經驗，而受苦是你給它貼的標籤。如果把「我」拿掉，一個人能在沒有改變事實下，改變體驗它的方式。

有了足夠的練習，那麼，就算人生遇到困頓艱難，一樣能豁達地說：「這是人生。」你可以經歷人生苦難卻沒有受苦。

改寫自己的故事

成為自己故事的讀者，
就會更宏觀看待自己的生命。

生命猶如在河中航行，逝去的時光是由許多事件標記下來的，這些事件留存在記憶裡最深刻的部分，就成了我們的生命故事。

我曾跟這些有傷痛經驗的人對談，發現絕大多數人對這種悲劇的戲碼都非常投入。有些人完全沉迷過去的故事，故事成了身分和標籤；有些人則緊緊抓住悲慘情節，好像那是最珍貴的生命傳奇，深怕被遺忘。

是什麼讓我們被自己受害的故事束縛？既然故事會反應和製造出痛苦，為何還一再重提呢？從學習的角度來看，當我們重複講述自己受傷的故事，能發現自己為何受傷，或是如何受傷，接著學到教訓，再也不讓自己受傷。而糟糕的是，許多人都緊抱著自己認定的傷害在過活，反而局限生命的擴展，讓自己活在悲慘的故事裡。就像某個女演員，出道時接連演了幾次苦命女，那麼以後想要改戲路就很困難。

你的故事就是你的人生。你可以一輩子都消極地活在過去，無視當下或未來美好的可能。但我向你保證，那些在你心中造成痛苦的事件，在你餘生中都會不斷地傷害你。每提起一次，都會加深並延長這個故事對你的控制。如果不能轉換你的痛苦，你將會把痛苦傳送給你周遭的人，甚至傳給下一代。

你可以改寫自己的故事。你擁有一項世間無人擁有的東西：你自己人生的親身經歷。這些經歷是獨一無二的，舉世七十多億人當中，你是唯一百分之百擁有這些故事的人。你既是作者，也是書中的主角，你可以改變故事的情節，甚至決定整個故事的結局。

當然，如果你希望故事精彩動人，必須接受與承擔生命中的挑戰、困境、挫折甚或苦難，那是必然的。考驗愈是嚴峻，就愈引人入勝；傷痛愈是悲苦，劇情就愈感人。而生命的價值，即在呈現自己不畏艱困的態度，扭轉不幸走出自己的路。

想想看，今天你是如何走到現在這個樣子。你喜歡現在的自己嗎？你喜歡這樣的人生故事嗎？如果不喜歡你其實可以「改寫」。建議大家：試著成為自己故事的讀者，就會更宏觀看待自己的生命。這就叫做「重生」。

你只要不緊抓著不放就好

人生沒有過不去的事情，只是你自己想不想讓它過去罷了。

心裡有事過不去，或放不下嗎？為什麼過不去？因為心放不下。又為什麼放不下？因為自己緊抓著不放。

有一則廣為流傳的故事：一位老禪師和一個年輕的和尚正打算涉水渡河時，在河岸邊遇見了一個年輕的女子。這位女子也想要渡河，但她的個子和力氣太小，無法自己過河。於是，心懷善意的老禪師就背著這個女子過了河。這個舉動讓年輕和尚感到非常生氣，因為他認為禪師違背了戒律。

過了好幾天，這個年輕的和尚一直沒有表示什麼，但他對自己的師父一天比一天還要氣憤。後來，他終於忍不住了，於是告訴師父，他對師父的行為感到很生氣。

老禪師聽了之後大笑不已，他對這個年輕的和尚說：「我一過河，就把那名女子放下了，但你卻一直背著她，到現在還沒放下。」

人生沒有過不去的事情，只是你自己想不想讓它過去罷了。

你是否有過類似的經驗，明明待在一處安靜的地方，和喜歡的人在一起，居然回想一樁多年前發生的事——有人說了尖酸刻薄的話，對你冷酷無情的評判、某人占你的便宜或者對你造成傷害。於是一堆「陳年舊帳」也就不斷上映。然而，此時此刻，傷害你的人在哪裡呢？他並不在你面前。他現在對我們做了什麼事嗎？沒有，你好端端地坐在這裡。

還有些人則沈溺於過去的錯誤和悔恨之中。「早知道我就……」、「我之前就應該……」、「要是以前不那麼做，現在就不會這樣了！」當然，如果後悔、自責有用，那就繼續責罵、鞭打自己；要是無濟於事，為什麼不停止？你不但浪費時間在做錯事上，還浪費時間在追悔上。

暢銷書《塞多納術》（The Sedona Method）作者海爾・多斯金（Hale Dwoskin）曾如此解釋和示範過「放下」，我覺得很受用，當負面想法和感覺緊抓不放時，你也可以試試看。

首先拿一枝筆。現在，將筆緊握在手裡。筆代表你的想法和感覺，而手是你的知覺。

你注意到緊握著筆很不舒服，但過了一陣子，就會開始覺得習慣。你感覺到了嗎？你的知覺也是用同樣的方式緊握住你的想法和感覺，最後你會習慣，甚至不知道自己這樣緊握著。

現在把手打開，用筆滾過手掌。注意你的筆和你的手並沒有黏在一起。

你的想法和感覺也是如此，它們並沒有黏著你。

現在把手翻過來，讓筆掉下去。

發生了什麼事？筆掉到地板上。

這很難嗎？不難，你只要不再緊抓著不放就好。

我們一直想要放下痛苦的念頭，卻從未奏效。何不反其道而行——去做能讓自己快樂的事，痛苦將自動放下我們。

專注美好的事物

當我們窄化了自己的眼界，就會看見處處都是問題。

假如你出國渡假，風光明媚，佳肴美味，真是一個美好的假期。但是當你搭機返國的時候，不但飛機誤點，行李又損壞。

第二天，你的朋友問起你渡假的是事。你是抱怨倒楣的遭遇？還是分享美好的經歷？

當你去音樂會，聽得如癡如醉，結果正後方坐了兩個人在不停地低聲交談。你會繼續沉浸在音樂，還是被他們的聲音毀壞愉快的經驗？

你心裡想著什麼，就會經歷什麼。我們都有經驗，有時候一天做了十件順利的事，只要一件事搞砸了，便足以毀掉所有的喜悅；一點小小的挫折，就足以破壞整天的心情；一個小疏失，就否定所有的努力；一句生氣的話糾纏著你一整天。

你可以做個實驗：看看你的周遭，試著注意所有藍色的東西。認真地找，記下來之後，請閉上你的眼睛，然後回想一下剛剛你記下的所有——綠色的東西。看看你可以說出幾項？

好，現在打開你的眼睛，再看看你是不是漏掉很多？為什麼？

「因為你要我找藍色的東西，而不是綠色的。」答對了，這就是我想說的重點。你要找藍色的，所以你就只看到藍色的，而忽略了綠色。

許多關係決裂原本都是一些小事，後來怎麼愈演愈烈，原因也在這裡。有太多人把焦點放在對方的缺失和錯誤上，忘了所有過往的美好，只專注在那些枝微末節上。就像一位在自家後院養雞的婦人，光顧著撿拾雞糞，卻把雞蛋忘掉了。

當我們窄化了自己的眼界，就會看見處處都是問題。所以，我們必須經常提醒自己：「我現在把自己的意識專注在什麼地方？」並問：「這會為我帶來什麼經驗？」

專注美好的事物，看見自己所擁有的。你能想像，如果你把這個生活態度銘記在心，你的人生將如何轉變嗎？如果，當你在街上走路或開車時，你開始去尋找美麗和讓你歡喜的事物，會怎樣？當你跟人在一起，如果你決定把焦點放在關愛，而不是去批評評斷他們，會怎樣？當你在生活中，如果你把心思集中在看到生活中開心有趣的經驗，而不去想惹惱你的事，會怎樣？

當你這麼做，你就是在為這個世界帶來更多美好的事物；同時，也為自己的生命帶來更多美好。

生命的品質決定於注意力的品質，你所注意的東西將會成為你生命的重點。要記住，那些不如意的事，都只是人生的一部分，千萬不要讓他變成人生的全部。

決定快樂地度過今天

快樂就像陽光，如果你打開門窗，陽光一定會照進來。

許多人對快樂有很深的誤解，以為「快樂」必須是「解決某個難題」、「改善某個關係」、「得到某個東西」，或有什麼「值得開心」才覺得快樂，因而總是鬱鬱寡歡。

當我們為快樂設定了條件，我們就很難快樂。例如，你說：等我有一輛新車，我才快樂；等我獲得升遷，我才快樂；如果我能出國旅遊、如果我的家人能多了解我，我才快樂、如果我通過考試、如果我的體重減輕、如果……。那麼在這之前，你將很難快樂，對嗎？

人們追求快樂，卻老得不到真正的快樂？原因就是他們不了解「自己」才是快樂幸福的最大障礙。如果你了解的話，就不會給快樂定出條件，那是愚蠢的。想要快樂，現在就可以快樂，不必等到家庭或事業都完美了，或是所有問題都解決了才能快樂。你不需要等到目標達成、實現夢想才快樂。不，你此刻就可以快樂。

快樂是一種選擇。就算我們身邊的人難相處，我們還是可以選擇快樂。就算情況很糟，計畫不順利，我們還是可以決定讓心情保持愉快。快樂的關鍵在於決定要快樂。當你決定要快樂，你就可以找到快樂；你選擇痛苦，就會找到痛苦的理由。你也許正走在人生的低谷，面臨許多難題，你有很好的理由讓自己不快樂。但是，一直悶悶不樂並不會讓情況好轉，負面消極也不會對事情有所幫助。為什麼不讓自己開心點？

林肯說：「樂由心生。」快樂就在我們心裡。生日那天你很快樂，想過嗎？這快樂是怎麼來的？你說：「那是因為那天心情不一樣啊！」心情不一樣，這就對了！即使那天跟平常的日子並沒有什麼不同，同樣的生活，同樣的工作，同樣的一天……但是當你心情不同，當你帶著歡喜，日子就變得完全不同。因為就在同一天，也有人過得很悲慘，不是嗎？

快樂是你自己決定要快樂起來的結果，僅此而已，就這麼簡單。每天早上醒來的時候，你可以決定要快樂度過今天。事實上，不僅在早上，每一個片刻你都可以自己作主。試著不必有任何理由而快樂，你將會感到驚訝！隨時隨處都可以擁有歡喜。如路旁一朵可愛的野菊，枝頭鳥兒唱歌，喝一杯熱咖啡，躺在草地上，看著孩子嬉戲……，只要用心感受。

So Happy, So Easy!

選擇不同方式「回應」

你不需要改變別人，
但你能改變你對他們的反應。

如果你檢視你的情緒反應，是否發覺自己就像個機器人，經常陷入固定的行為模式中而渾然不知。你無需思考就會有所反應。當你看到有人對你微笑，你會自然地向他微笑。當有人罵你時，你就會生氣。有人讓你難堪，你也不讓他好過。就像是一個寫好的程式一樣，灌輸在你的腦袋中。最後就變成了一種習慣性的反應。

一次又一次你從來沒有思考過你的脾氣。「這樣做有什麼好處嗎？這有什麼幫助嗎？這是我想要的生活嗎？」你的時間都浪費在同樣愚蠢的反應上。日復一日，你還是同樣的方式、同樣的態度、說出同樣的話，同樣的行為模式。

我聽過一個趣事。一個年輕的新娘替他的新婚夫婿煮一塊火腿。她先把火腿的兩頭切掉，然後放入鍋中。丈夫問她為什麼這麼做，因為她的母親「一向都如此做」。

後來有一天，這對夫婦到娘家吃飯，餐桌上也有火腿。於是，女婿隨口問到，「為什麼要把火腿的兩邊切掉？」母親聳聳肩說，她也不知道，只知道她母親「一向都這樣做」。

最後，他又去問他太太的祖母，為什麼她總是先把火腿的兩頭切掉，然後再下鍋烹煮。

祖母笑著回答：「因為我的鍋子太小了。」

這個故事傳神地描繪我們僵化的反應。想想，這些年來，是不是已經習慣了某種固定的思考模式？或者是不是已經有某種習慣的行為？

快樂是知道你擁有選擇的自由。你不需要改變別人，但你能改變你對他們的反應。舉例來說，如果有人羞辱你，你只要對他們微笑就好。平常你會報復，現在你反而微笑，當你這麼作，你就走出制約的反應。

有人惹惱你，你可以用溫和的字眼，比方用「我不喜歡」來取代「我厭惡」或「氣死我了」，感覺是不是好多？

有人對你惡言相向，不要以牙還牙，你可以改變方式：「為什麼你會這樣？為什麼你會這麼認為？你想表達的是？所以你真正希望的是？」提出問題可以消除火藥味，給對方冷靜下來的機會。一方面可以讓對方把意圖說出，讓爭論儘早平息。

有人批評你，你總是以受傷或生氣來反應。試試看，反過來關心對方：「某某人你好像很生氣？」這句話可以讓正在發火的對方明白，「你」這個被他痛罵的人，很能體會他目前的心情。也讓對方馬上曉得，不必花這麼大的力氣繼續謾罵下去。

你也可以這麼說：「實在很抱歉，剛才你講得太快了，我一時沒聽清楚。是否能麻煩你再說一次？」天底下很少有人喜歡把自己剛才的醜話，再從頭講一遍的。你主動打斷對方的話，會讓對方頓時感到一陣挫折與無奈，原來的氣勢便無以為繼。

你還可以選擇「保持沉默」。只要你一言不發，一個巴掌拍不響。

懂得以不同方式「回應」很重要，你才是自己情緒的主人，而不是被自動化情緒反應帶著走的機器人。

學習逆向思考

這世界上沒有永遠絕望的處境，只有絕望的人。

網路上讀到一篇有趣的短文：有個失戀的人在公園裡頭，因為不甘而哭泣，遇到一個哲學家。哲學家知道他為什麼而哭之後，沒有安慰他，反而笑道：你不過是損失了一個不愛你的人，而他損失的是一個愛他的人，他的損失比你大，你恨他做什麼？應該不甘心的人是他呀！

這就是逆向思考。人們的思想模

式，常固定於單一種想法，如此很容易陷入偏執。而逆向思考，則是轉換不同的角度，當改變看事情的方式往往就能改變事情。

假如你的朋友半夜打電話來，把你吵醒，你心裡必定很不高興。接起電話一聽，結果也沒什麼大不了的事，你一定更生氣。現在，請你先靜下來，逆向思考，「朋友一定認為我是一個值得信賴的人，他相信即使我被電話吵醒也不會生氣，才會在半夜打電話給我。」

同樣，遇到挫折，也可以逆向思考，例如：你經常上班遲到，被老闆訓了一頓，還被扣錢。從壞的方面講，你真倒楣，但從好的方面來看，你雖然被罵，被扣錢，但是改掉了你遲到的毛病。

不從失去的角度思考，而是每件事的發生都有值得學習的地方。「他是為我好」、「這是個很不錯的學習經驗」原本的怒火就消失無蹤。

有個朋友工作場所非常狹窄，有次我到他那裡，忍不住問：「這麼狹小擁擠的地方怎麼工作？你不會感到壓迫嗎？」

「沒錯！這地方是小了些，但也有它的好處。」朋友笑答，「就是假如你不認真工作，文件資料就會累積起來把我活埋，因此我的工作效率一直高。」

現代心理學之父威廉．詹姆士說：「智慧便是以非習慣性的看法看一樣事物。」當你擺脫習慣性的思考模式，以一種新的方式去看一個舊的問題，「這件事有什麼好的一面？」、「這件事有什麼好處？」認知到事情雖有不幸或糟糕的一面，但也有好的一面，就是一切扭轉的關鍵。

曾有位讀者向我抱怨，說身邊有些朋友常對他不懷好意，他因此耿耿於懷。

「這其中有什麼好處？」我要他想想看，「他們這麼做，不但能讓你明白一件事——他們根本不是你的朋友。再者，他們擺明對你不好，起碼讓你看清真相，總比表面對你好，背地裡卻偷偷算計你要好多了，不是嗎？」

話說草原上有一對旅人正在帳棚中休息，不料一陣強風呼嘯，吹走了帳篷，旅人甲說：「糟糕！我們的帳篷被吹走了！」旅人乙說：「那正好！我們可以盡情欣賞這浩瀚繁星了！」

這世界上沒有永遠絕望的處境，只有絕望的人。學習逆向思考，你會發現事情沒那麼糟。

宏觀看自己的處境

人生最嚴重的一件事，
就是把凡事都看得太嚴重。

多年前，內布拉斯加大學心臟學系主任艾利特（Rober Elliott）心臟病發作，病情嚴重，在那三個月住院期間，他仔細思考自己頻死的處境與餘生。後來將整個心得寫下來，提出兩則生活守則：

守則一：別為芝麻小事耗力氣。

守則二：所有事情都是芝麻小事。

這真是寶貴的建議。經常我們都

把自己搞得又氣又惱。——車子被刮、房子一團糟，朋友約會不準時、店員態度惡劣、孩子把飲料打翻、太太亂花錢；先生忘了你交待的事……，而今呢？這件事真的有那麼大不了嗎？再回想一下，幾年前發生在你身上那件不得了的大事——不管是情人變心、考試沒考好、演講時說得結結巴巴、受騙上當、遭人誣陷、撞斷了腿……。現在回頭看，是否已雲淡風輕？

就像你把手拿遠一點，視線就不會被遮住；當你把事情放遠來看，問題就會顯得十分渺小；當你擴大自己的眼界，眼前的痛苦經驗就顯得無足輕重。以下是我聽到的例子：

一位太太：「我曾擔任醫院的義工，每當情緒低落，我就會到醫院幫忙，看到一些口中插管、昏迷不醒的人，就會覺得這點挫折算什麼？」

一位骨折病人：「我在病床貼了一張便條紙，每天唸它一回。便條紙上寫著：『開心點，畢竟你的腿不是永遠斷了。』」

一位先生：「投資失敗讓我陷入經濟拮据，甚至到目前為止，我的收入還不夠支付家庭所有的開銷，但是，有一次我在電視上看到一部介紹貧窮國家的影片，掙扎在飢餓邊緣的難民，他們在疾病、痛苦和死亡中竟然仍生存著，我突然發現我的困難根本沒什麼了不起。」

想想最近發生的煩心問題，或讓你懊惱和挫折的事件。問自己：「你的境遇真的有那麼糟嗎？這件事真的有那麼嚴重嗎？」遇到不幸時，去想想比你更悲慘的人；遇到痛苦時，去幫助比你更痛苦的人，你會發現，問題不再是問題。人生最嚴重的一件事，就是把凡事都看得太嚴重。現在看似沉重的負擔，難解的問題，想想看：「一年後，這件事還會很重要嗎？十年後，你會怎麼看現在的情況？」拉長時間，以更宏觀角度觀察目前的情況，或許就會一笑置之。

著名的物理學家霍金說，在千億個銀河裡，我們住在其中一個銀河外圍，一顆超級普通恆星的一顆小行星上。你我只是幾十億人口之一。人真的是夠小的，想想廣大的宇宙，你不覺得自己把一些小事都看得太嚴重了嗎？

用旁觀者看事情

站在巨人的肩膀上，
必然可以比巨人看得更遠。

大家有沒有以下的經驗？就是當你是局外人時，就可以旁觀者清。如果別人帶著一個問題來找你，你總能夠很清楚地分析，可以給出不同的觀點、或是他沒有想到的建議。但當事情發生在你身上，你就鑽牛角尖，想法變得很僵化、沒有彈性，甚至陷在情緒的泥沼中。

因為當那是「別人」的問題時，

你是超然的。而愈是切身相關的問題，我們愈難抱持客觀；情緒上來，理性思維的空間就愈少。這時，要抽離自己的情緒，可以利用旁觀者的觀點解套。例如，我們常會說：「如果我是你，我會……」這即是用旁觀者的視角看待事情。

遇到困擾時，你可以把身分互換：「如果是我的朋友發生這種情況，我會怎麼提供意見？」、「假設今天有煩惱的是對方，我會給他什麼建議？」角色這麼一對調，便很容易找出問題的癥結，知道自己下一步該怎麼做。

這超然的旁觀者並沒有侷限任何人。如果你的朋友婚姻美滿，你可以學習他們的相處之道，遇到感情問題，就問，「如果換做他，他會如何處理？」

如果你的同事，擅長人際管理，那麼當你遇到公司管理和人際的問題，你可以問，「如果是那位同事，他會如何處置？」

羅斯福說，在他當總統的時候，凡是碰到猶豫不決的問題，他就會望著掛在白宮辦公室牆上的林肯肖像自問，「如果林肯處於我目前的情況，他會如何解決這個問題？」

也許你會覺得好笑，但這卻是他認為幫助他解決所有困難最有效的辦法。因為以林肯這位局外人的角度來看事情，不但客觀，更重要的是林肯總統的歷練，成熟與智慧也是值得效法的。

有位朋友就運用了這項技巧。在遇到公司決策的問題，他就問：「假如是總經理，他會如何決定？」遇到投資問題，就問金融鉅子巴菲特：「假如是巴菲特，他會如何處置？」

若是涉及生活或情感的問題，他就在心裡問一位他所景仰的上師：「如果師父面對同一個問題，他會怎麼面對呢？」

他告訴我：「真的很神，每當我靜心等待答案的那一刻，問題已經消失了……我明白，最終解決問題的方法，其實不是要完美的答案，而是不要再製造問題。」

試著換位思考

想像自己與對方角色互換，將心比心，然後思考自己要怎麼做。

很多人都聽過「換位思考」這幾個字，但要真正做到並不容易。因為人都習慣從自己的角度，自己的期待，自己的利益，自己的立場，自己的觀點看事情，欠缺同理心，就很難設身處地與人相處。

以我為例，在年輕時有段時間，我經常將自己剛學來的心理學理論套用在朋友身上，在對方開口之前就出言揣測，自以為很了解他們。結果不但傷害了其中幾位朋友，彼此的關係愈來愈差，最後我深自反省，才察覺自己其實根本不懂他們。

要真正做到換位思考，第一件事就是傾聽與觀察，不快速下判斷。要將自己置身於對方的立場和視角，去體驗對方的內心感受。「如果我是他，會怎麼樣呢？」想像自己與對方角色互換，將心比心，然後思考自己要怎麼做。

比方，這人是你的爸爸或先生，他在上班，你就想像自己開他的車去公司，你開始過他所過的一天，一直到回家進門，看到房子一團亂，你正靠在沙發滑手機的畫面，他的感覺是什麼？心裡作何感受？

當教導孩子時，情緒失控，試著角色互換，「如果我是孩子，我會怎麼樣呢？」想想他還是個孩子，想想自己也曾年輕過，是不是氣就消了？

有位朋友，常抱怨太太愛嘮叨，每次跟朋友聚會就碎碎念，真受不了，每天上班累得要死，難道我不能放鬆一下嗎？

如果他能「換位思考」：雖然我很累，但當全職媽媽更累，從早忙到晚，買菜，洗衣做飯，做家事、帶孩子，打掃乾淨，像是一個永無休止的循環。反倒我下班回到家就可以休息，偶爾還可以和朋友聚會歡樂，也難怪她要嘮叨了。以後我應該多體貼，學著做一些家事，幫她分擔一些壓力，如此一來她就不會再唸我。

跳出自己的位置，眼中不再只看到對方在關係中做了什麼，而能看到自己在關係中做了什麼。靜下來想想：

如果我處在我妻子的地位，如果我是先生的角色，我是否期待與我這樣的人為伴侶？我是否喜歡這樣被對待？

如果我是部屬，我是否是自己希望遇到的上司？如果我是員工，我是否為自己能待在這樣的公司而慶幸？

如果我是父母，我是否以有我這樣的孩子為榮？如果我是孩子，我是否以這樣的父母而驕傲？

你與人難相處，是因為你沒有角色互換。你批判別人，是因為你沒有將心比心；你會去傷害別人，是因為你沒有去感覺他人經驗到的痛苦。當你換位思考，感覺對方的感受，當你成為對方，一切都將轉變。

去愛得更多一些

只要回到愛，那麼，正確的答案就會自動顯示出來。

在人類的所有情緒中，愛與恐懼是兩類最基本的。情緒若不是來自愛，就是來自恐懼。觀察一下，在每一次情緒升起時，自己正在害怕什麼，內心有什麼擔憂。你將發現情緒背後，往往指向一個最深的恐懼。

比方，當你火氣上來時，你為什麼生氣？原因有很多，但深入探究，憤怒都是因為恐懼，害怕失敗、害怕失去，害怕丟臉、害怕受傷害、害怕自己的聲音不被聽見，為了不表露出害怕的情緒，我們本能的以憤怒掩飾這份恐懼。

再如，我們常聽到夫妻之間的爭論：「你只想到自己」、「你根本不在乎我」、「你從沒愛過我」當我們傷心難過地責罵對方時，其實是因為害怕：我怕你不理我，我怕你忘了我，我怕失去你……。憤怒、悲傷、嫉妒、失望、怨恨等負面情緒都是恐懼的表達。

恐懼與愛是同一件事，只是表現不同而已。如果你不愛自己，你就不會為自己擔憂，你不會害怕任何東西。同樣的，如果你不愛他人，你不會為他擔憂，或是害怕他人做什麼事，因為你不在乎會發生什麼事。

轉化的祕訣即是，由恐懼轉變成愛。原因很簡單，當我們感覺到恐懼時就無法去愛了；當我們感到憤怒也無法去愛；當我們感到嫉妒、怨恨，也無法去愛。所有情感和情緒的問題，其實只有一個問題：我們的選擇了恐懼，而不是選擇愛。

建議大家無論面臨什麼處境，都可以把愛當作最高的指導原則。當我們選擇以愛的心理行事時，就超愈恐懼。有位讀者參加歌唱比賽時，因緊張而走音了。後來她用了這個原則，很快地穩定下來。

她訴說當時的情況，當她發現自己走音時問了自己一個簡單的問題：「如果是愛，我會怎麼做？」於是她立刻將自己滿懷著愛，她選擇前排的一位很沉醉的觀眾，並開始對著他表達出充滿愛意的歌聲，於是這份感覺很快地擴及其他人，她瞬間掌握了全場的氣氛。

試試，每當恐懼的時候問問自己：「如果是愛，我會怎麼做？」、「如果是愛，我會怎麼決定？」、「如果是愛，我會怎麼處置？」只要回到愛，那麼，正確的答案就會自動顯示出來。

沒有愛，才會有恐懼。《奇蹟課程》說，愛與恐懼，兩者猶如光明與黑暗，只要亮光出現，黑暗自會消失。所以你不必跟黑暗對抗，只需打開燈，黑暗就自然不見了。

同樣的，你也無須跟心中的恐懼對抗，只要心中充滿了愛，所有的恐懼即會消失。你不必試圖擺脫負面情緒，因為所有不好的感覺都只是缺乏愛，當你把愛進去時，負面情緒就會消失。

醫治愛的唯一良藥，就是更多的愛。去愛得更多一些吧！

把心思放在「你想要的結果」

要多去種花，而不是一直拔草。

我們太常把力氣用在避免不好的結果，而不是藉以創造更好的結果。我們會這麼說：「我不想再談一段會讓自己受傷的感情了。」而不是：「我想要一段穩定又美好的感情。」我們會說：「我不想到重蹈過去的失敗。」而不是說：「我想盡力求取成功。」結果得到的常是不想要的。

美國資深飛行教練柏尼梅發現這種現象，他有感而發：教導新飛行員最困難的功課之一，就是要他們在短而危險的跑道上降落，只專心注視跑道安全的地方而不看危險之處。人的天性，是定睛在想要避免的障礙和危險上。但是經驗告訴我們飛行員若注目在危險的地方，遲早他就會撞上去。

最痛恨的人，為什麼忘不了，因為你一直想著「那個人」；想戒菸的人，為何戒不了，因為老是想著「菸」；怕老的人，為什麼更快老，因為心裡想的都是「老」；許多做錯的人，為什麼一再犯錯，因為太專注在自己「做錯了什麼」，而不是「怎麼做才對」，結果就正如所想。

有位朋友最近受邀到一場大的演講，他問我，有什麼方法可以讓自己有好表現？

關鍵在於你抱持什麼樣的心態：恐懼或是熱情？

當你抱持恐懼，你便聚焦在「不想要」的事情上。你的目標是竭盡心力減少或避免不好結果發生。你會擔心害怕，焦慮不安。這絕對不是愉悅的經驗。

相反地，只要將你的觀點從恐懼轉換至熱情——「這真是個天大的好機會，我可以跟這麼多人分享我關注的事情。」、「我想提供更新的觀念，讓他們學到更多的方法。」一朝向想要的結果努力，而非避免不想要的結果，你會開始覺得更有動力、更投入，表現更出色。

老擔心問題，不會讓問題消失；老想著不開心的事，也不會讓你開心。我們必須時時提醒自己：

把念頭放在「渴望的」，而不是「恐懼的」事物上；

把眼光放在「成功的」，而不是「失敗的」經驗上；

把心思放在「快樂的」，而不是「痛苦的」回憶上；

把注意放在「想要的」，而不是「不要的」東西上。

我們不是要去避免衰老，而是要為自己注入青春活力。不必試圖討好不喜歡你的人，要把心思放在那些喜歡你的人身上。不要試圖去改善生活，而是要將更多的注意放在享受生活。是的，要多去種花，而不是一直拔草。

覺察自己的想法

我們的遭遇不會使我們情緒低落，我們的想法才會。

常有人問我：如何做好自己的情緒管理？我的答案是：先管好你自己的思考。

情緒是思考的結果。當你感覺自己被負面情緒淹沒時，暫停片刻，先檢視負面情緒產生前你在想些什麼，一定是負面的，對不對？「他是不是在生我的氣」、「他是故意擺架子」、「要是他沒離開我就好了。」、「連這也要我忍耐」。於是你沮喪、難過、焦慮和不快樂。

負面情緒都是你心中的想法產生的。了解這點非常重要。如果你不能清楚地領悟你是思考著，卻想管理好情緒，那是不切實際的。沒有這種正確認知，你會很容易為自己的想法所左右。比方當一兩件你覺得不順利的事發生了，你可能會想「沒有一件事順利」。這時，你便覺得有理由為自己感到難過，而又引起更多否定的想法，接著自怨自艾起來。

作家布恩斯說：「你的情緒會跟著你的思維走，就好像小鴨子會亦步亦趨地跟著鴨媽媽後面一樣。但儘管小鴨子忠心耿耿地追隨鴨媽媽的腳步，並不表示鴨媽媽很清楚牠會走到哪裡去。」

沒錯，人在想一件事的過程中，往往意識不到自己「在想這件事」，只有中斷對這件事的思考，才能意識到。以情緒做指標，可以幫助我們了解自己處在什麼樣的想法。如果你能對升起的念頭加以覺察的話，那麼你便能擺脫負面情緒。

不妨做個實驗：試試看，讓自己非常生氣，氣得咬牙切齒、火冒三丈，很難，對嗎？情緒只有在我們沒有覺察的狀況下才能控制我們。當你想要有意識的引發負面情緒時，你是辦不到的。當你有意識的去憤怒，你會覺得跟它之間有一段距離，無法完全融入。

有一天，一位信徒，請示盤珪禪師說：「天生情緒暴躁不知要怎麼改正？」

盤珪禪師聽了以後，對信徒說：「好，現在你就把情緒發出來給我看，我來幫你改掉。」

「不行呀！現在沒有。但是，碰到事情的時候，自己就控制不住要發脾氣了。」信徒回答道。

盤珪禪師於是說：「這個情形是很奇妙的，現在沒有，在偶發的情況下，才會情緒暴躁，可見得不是天生的。既然不是天生的，哪有改不掉的道理呢？」

信徒會過意來，從此努力把暴躁的脾氣改掉了。

回想一下，最近讓你發怒的一件事。好，問一個有趣的問題：在你去想之前，這個情緒何在呢？只因你沒有去想，它就不存在。換句話說，就算真的有不愉快的事，你也不必一直想著它們而感到氣憤吧！

所以要經常覺察想法。記住，情緒是來自你心中的想法，你可以自由選擇。

找回平靜的心

智慧就是內心平靜的那個聲音，讓它領路。

你是否曾經注意過，當你遇到問題時，不論那是課業問題或心理問題，你會怎麼做？你會花很多時間想這個問題，但你就是找不到答案。然後你把問題丟在一旁，去散個步、聽音樂、喝咖啡、讀書，或跟某人聊天……突然答案就這麼出現了。這是如何發生的？你的心裡一直在想著要解決的問題，但你一直找不到答案，所以你把問題放在一邊。當你的內心變得平靜時，在那個平靜當中，問題獲得了解決。

就像雨後河水混濁，你不需要進到河裡面去清理它，當河流流動，泥沙自然沉澱下來，而枯葉、垃圾會順流而下，然後河流會變得乾淨清澈。如果你去清理，反而會將它弄得更濁。

每當遇到問題的時候，我們往往滋生很多情緒。焦慮和煩躁使我們耗費更多的時間和精力。問題惡化，是因為我們常常過度反應。想獲得平靜第一步是，先認識到自己本來是平靜的，我們要做的不是去追求平靜、創造平靜，而是找回自己平靜的心。

我們應該隨時注意自己的心。「此刻，是我的心在焦躁，還是世界在焦躁。」當你覺得心情浮躁的時候，問自己：「此刻，是問題很煩躁，還是我的心很煩躁。」

慢下來，靜下來。現在起，不管做什麼，試試看……讓……你……

的……動……作……慢……下……來。

試著很慢、很慢地走路，慢慢吃，慢慢地喝水、慢慢地說話，於是你的呼吸和心跳也慢慢地慢下來，於是你不再那樣急躁，不再混亂，心也跟著靜下來。

當一件事情發生時，只著手在事件本身。全然專注在眼前發生的事情，正在做的事情，你頭腦裡面的噪音就是混亂的源頭，不要被帶走，直到內心平靜。智慧就是內心平靜的那個聲音，讓它領路。用平靜的心，去面對不平靜的事。

你不需費力去爭執，只要平靜下來，正確的言語就會產生。

你不需費心去為自己辯護，只要平靜下來，你的舉止就是最好的說明。

你不需刻意去控制情緒，只要平靜下來；當心田的淤泥沉澱，湖水自然澄清。

幽默看待人生

有幽默感能讓我們轉變觀點，化苦為樂，甚至破涕為笑。

幽默大師林語堂說過一句話：「現代人把人生看得太嚴重，世界就充滿苦惱。」英國著名的劇作家王爾德也說：「生命太嚴肅了，切莫當真！」如果你把自己看得很嚴重，人生就會過得很沉重；輕鬆看待人生，人生就能過得輕鬆。

有個孩子突然嚎啕大哭，媽媽急忙跑來安慰：「怎麼哭得這麼傷心呢？」

孩子邊哭邊說：「剛才爸爸在釘釘子，不小心用鐵錘打到自己的手了。」

媽媽說：「乖兒子，你這麼懂事，爸爸一定很高興，別哭了，笑一個吧！」

孩子很委屈地說：「我就是因為笑才被打的！」

有人或許懷疑：「當事情發生時，又怎麼笑得出來？」這問題說出了重點，這也是為什麼要大家學習幽默。

大部分的人聽到笑話、或是別人的糗事，很容易大笑，卻很少有人幽默地看待自己。例如：你的小孩把你的化妝品，塗得滿臉。你會生氣或是覺得有趣？盤子掉在地上破了，這是一團糟？還是日常生活的小插曲而已？突然下一場大雨把你淋成落湯雞。你會懊惱或是覺得好玩？

學習幽默的第一步，是把注意力放在：「這件事有多有趣？」而不是放在：「這件事有多糟？」就像小孩子，處處都可以找到樂子。

午後的一場大雨，在地面形成一窪窪的小水坑。有一個媽媽帶著兩個年幼的孩子，小心翼翼地避開人行道上的積水，哪曉得一輛急駛而過的計程車，濺起一片水花，將三人潑了一身溼。

母親極其懊惱之際，旁邊的大兒子卻興奮的對媽媽說：「遇水則發，我們要發了。」另一個較年幼的孩子也高興的說：「對啊！有人澆水在我們身上，我們要發芽了。」

正在生氣的母親聽到這樣可愛的童言稚語，也不禁莞爾一笑，三人就快快樂樂的踩著積水回家。

幽默不僅只是開玩笑。幽默是一種心境，引發趣味思考的觀點，調整看待人生的鏡頭，讓我們扭轉情緒，笑逐顏開。幽默更是一種智慧，幽默不但能化解窘境、化險為夷、化敵為友……

有一位丈夫生妻子的氣，吃飯的時候賭氣不吃；妻子連忙盛了一碗飯給丈夫，並語氣輕鬆地開玩笑說：「你吃下這碗飯，才有力氣跟我吵架啊！」妻子用幽默逗樂丈夫，衝突當下就化解了。

有家公司年終尾牙，董事長偕同夫人一起出席。所有的員工早有耳聞這位霸氣十足的董事長非常怕老婆，所以都等著看他要如何向大家介紹這位太座。

董事長笑笑說：「大家都知道，在公司裡我是老大，就是大家所謂的頭頭，在家裡，我當然也是頭頭，決定各種大小事情。而我的太太雖然只是脖子，但是通常頭要點之前，也要經過脖子的同意。」話一說罷，四周的人都哈哈大笑，化解了尷尬的場面。

當你微笑時，全世界都和你一起微笑。這句話並非只是勵志書的陳腔濫調。有幽默感能讓我們轉變觀點、化苦為樂、化悲為喜、甚至破涕為笑。

我聽說老人院的老人們聊天，有位老人說：「返老還童好像是真的耶！要不然為什麼我們現在都包尿布呢？」

放輕鬆，笑一笑吧！

先喜歡，然後快樂就跟著來

碰到無法改變的事情，我們所能做的就是改變嘴角的線條，微笑吧！

假設有個人喜歡吃水果，而另外一個人不喜歡，誰比較快樂？喜歡吃的人從水果上得到愉悅，不喜歡的人則無法得到。在某種程度上，喜歡吃水果人的生命更加快樂，也更享受。

同樣，喜歡走路的人比不喜歡的愉快；喜歡上班上學的人也比不喜歡的人享受。我想說的是：在現實生活中很難事事令人滿意，許多事無法避免，如同日子不可能每天都是晴天，喜歡雨天的人一定比不喜歡的人快樂。

暑假訂山區民宿，到達後才發現那裡只供素食，又沒冷氣。於是我轉念想，出來本來就是體驗不同的生活，而且吃素，吹自然涼風，可減碳又健康，心也就變得歡喜。

再如，以前找停車位都會找離目的地最近的地方，為此還經常在路上繞圈子，後來我把「多走路」轉換成是「運動健身」，走路變成「喜歡」的事，就不再介意把車停在較遠地方。

如果我們碰到一個無法改變的事情，我們所能做的就是改變嘴角的線條——微笑吧！平心靜氣去接受它，就能有多一點的彈性。這並不表示我們沒有個性，而是我們可以隨遇而安。

《湯姆歷險記》裡的一段情節：當他還是小男孩時，被叫出去油漆圍籬。其實，湯姆壓根兒不想做這苦差事；他想跟朋友出去玩。但他沒有垂頭喪氣，也沒有無精打采。相反的，他擺出一副享受在其中的表情，把油漆的過程當做是有趣的事，而當有人經過時問起他在做什麼，他就故意說這麼好玩的事不能輕易給別人來做，沒想到附近的小孩子紛紛用糖果或小玩意去跟湯姆交換。

如果事情不是你喜歡的那個樣子，那就去喜歡事情的那個樣子。這就是快樂的祕訣。每天出門，帶著你的笑容，踩著愉悅的步伐，去感受生活的美好。

多讚美你的家人、配偶、孩子及身旁的人，有哪些是你喜歡的；說一說你喜歡他們的哪些特質，告訴他們你喜歡他們的地方。在生活中尋找你喜歡的事物：我喜歡這樣的早餐、我喜歡秋天的樹、我喜歡這首歌、我喜歡義大利麵、我喜歡咖啡的味道、我喜歡這家店、我喜歡那個顏色、我喜歡這個城市。

在各種狀況及事件中尋找你喜愛的感覺：我喜歡聽到那樣的好消息，我喜歡參加這個活動、我喜歡這份禮物、我喜歡朋友來作客、我喜歡意外的驚喜、我喜歡這樣的安排……一個人的喜愛愈多，歡喜愈多。

我很喜歡一則七歲女孩的故事。每當全家人開車出遊，她總著想坐前座。她爸爸就會告誡她：「只要媽媽也在，前座一定屬於她，你得坐後座。」她一直不喜歡這種安排，老是為此爭鬧不休。有一天，她不等他爸爸說半個字，就欣然地跳進了後座。爸爸說：「哇，好棒——這次妳不用提醒就到後座了。」小女孩坐直身子，驕傲地說：「這就是前座！」

先喜歡，然後快樂就跟著來。

高寶書版集團
gobooks.com.tw

HL 069
別跟自己過不去：分解情緒，拿回心情自主權
作　　者　何權峰
主　　編　吳珮旻
編　　輯　賴芯葳
美術編輯　黃馨儀
排　　版　趙小芳
企　　畫　荊晟庭

發 行 人　朱凱蕾
出　　版　英屬維京群島商高寶國際有限公司台灣分公司
　　　　　Global Group Holdings, Ltd.
地　　址　台北市內湖區洲子街 88 號 3 樓
網　　址　gobooks.com.tw
電　　話　(02) 27992788
電　　郵　readers@gobooks.com.tw（讀者服務部）
　　　　　pr@gobooks.com.tw（公關諮詢部）
傳　　真　出版部 (02) 27990909　行銷部 (02) 27993088
郵政劃撥　19394552
戶　　名　英屬維京群島商高寶國際有限公司台灣分公司
發　　行　希代多媒體書版股份有限公司 /Printed in Taiwan
初版日期：2018 年 3 月

國家圖書館出版品預行編目 (CIP) 資料

別跟自己過不去：分解情緒，拿回心情自主權 /
何權峰著 . -- 初版 . -- 臺北市：高寶國際出版：
希代多媒體發行 , 2018.03
面；　公分 . -- (生活勵志 ; HL069)

ISBN 978-986-361-499-9(平裝)
1. 修身　2. 生活指導
192.1　　　　　　107000093